NA
CONQUISTA
DO
BRASIL

NA CONQUISTA DO BRASIL

Donaldo Schüler

Ateliê Editorial

Copyright © 2001 by Donaldo Schüler

Direitos reservados e protegidos pela Lei 9.610 de 19.02.1998.
É proibida a reprodução total ou parcial sem autorização,
por escrito, da editora.

ISBN 85-7480-053-8

Editor: Plinio Martins Filho
Produtor Editorial: Ricardo Assis

Direitos reservados à
ATELIÊ EDITORIAL
Rua Manuel Pereira Leite, 15
06709-280 – Granja Viana – Cotia – SP
Telefax: (11) 4612-9666
www.atelie.com.br   atelie_editorial@uol.com.br

2001

Impresso no Brasil
Foi feito depósito legal

Para Ubiratan Faccini

*e as terras viciosas
de África e de Ásia andaram devastando*

Luís de Camões

SUMÁRIO

1 O Fazer Literário no Espaço Americano 11
2 A Retórica da Subordinação na Carta do Achamento 27
3 Correspondência no Território da Conquista 67
4 Epopéias da Conquista 91
   Virtudes de Conquistador 91
   Prosopopéia: O País do Futuro no Litoral Pernambucano 94
   Uraguai: A Conquista do Sul 108
   O Colapso do Império Indígena 136
5 A Retórica do Dominador Dominado: Sermão pelo Bom Sucesso das Armas de Portugal contra as de Holanda .. 151
6 Opulência na Colônia 185
7 A Guerra de Gregório nos Matos da Conquista 199
8 Um Lírico Subserviente 223
9 Denúncia 229
   Bibliografia 251

1

O FAZER LITERÁRIO NO ESPAÇO AMERICANO

Em questão está a periferia, nossas origens, nós mesmos. A periferia constituiu-se quando uma nação orgulhosa de si mesma, de sua ancestralidade romana e de seu legado cristão parte em busca de novos espaços. As terras em que as naus ancoram perdem a autonomia, subjugadas. A periferia afeta por reflexo, o centro. A intenção foi construir um só e grande império com sede numa cidade privilegiada do Velho Continente. A dualidade centro/periferia compromete, entretanto, a unidade desde o princípio. Correm os anos e a necessidade de conviver com outra gente acarreta exigências imprevistas. O tempo agrava a excentricidade que desponta aos olhos espantados dos primeiros observadores. Nas crises do centro – e foram muitas – a excentricidade deriva para a exorbitância. Da unidade estilhaçada nascem outros centros. Formam-se novas constelações.

Os centros hegemônicos migram no mapa da Europa: de Atenas a Esparta, de Esparta à Macedônia, da Macedônia a Roma, da Roma dos césares à Paris de Carlos Magno, desta à Roma dos papas, de lá para a Lisboa dos navegadores. A síntese salta pontos intermediários. A cada deslocamento, a relação centro/periferia se refaz. No colapso do sonho renascentista de transferir aos papas a hegemonia dos césares, os reis de Portugal erguem a bandeira do reino messiânico.

O mapa do continente americano emerge das lutas por independência manchado de nacionalidades, fragmentos de unidades impostas, herança de conflitos distantes. As unidades políticas se isolam ressentidas, mutuamente hostis. Desenvolvem-se inseguras, carentes. Nascidas de batalhas contra o autoritarismo de cabeças coroadas, não cessa a resistência à subordinação imperialista, rapineira, culpada pela transferência de nossas riquezas para outros territórios. O receio de que a influência alienígena contamine legados culturais de que nos orgulhamos dissemina cautelas.

Desde a Independência, buscamos o período colonial e até civilizações pré-colombianas para revolver o solo em que estariam plantadas as nossas personalidades nacionais. Se na Europa Central o nacionalismo romântico se caracterizou pela rejeição da cultura greco-romana, o nacionalismo latino-americano, tangido pelo temor de subordinação, cultivou relações conflituosas primeiro com a Europa e a partir de fins do século passado com os Estados Unidos.

A dicotomia centro/periferia solicita a atenção dos teóricos. Quando a periferia despertou para a autonomia? Esta é uma das insistentes preocupações. Já na Colônia? Com a independência? No modernismo? Nos anos trinta? Depois da Segunda Guerra?

Sílvio Romero, escudado em Taine – para quem a literatura é determinada pelo meio, pela raça e pelo momento histórico – recua até o período colonial em busca das origens da literatura nacional. Três autores, aparecidos antes da emancipação política, lhe merecem atenção: Gregório de Matos, por exprimir a fusão das três raças, Gonzaga, responsável pela renovação do lirismo, e Durão, introdutor do índio e da natureza na literatura brasileira.

Antonio Candido, opondo-se ao determinismo desse seu mestre, declara a obra entidade autônoma, conferindo precedência ao estético em detrimento de fatores externos. Candido desloca a origem da literatura nacional para o arcadismo mineiro, argumenta que essa escola, regida por padrões universais, articulou nossa atividade literária com a civilização ocidental, a que pertencemos. É dos árcades, pensa Candido, o mérito da implantação de uma literatura que funciona.

Antônio Soares Amora, não contente com a "evolução das doutrinas estéticas e das idéias", observa o "caráter peculiar", "o espírito brasileiro, que é compreender e definir a realidade cultural que vamos lentamente criando e impondo no concerto das civilizações modernas". Sendo este o objetivo, afirma que a era colonial, da qual destaca apenas dois (Vieira e Gonzaga), tem mais interesse histórico que literário. A era nacional, advinda com a independência e as melhorias decorrentes (liberdade, educação, prelo) lhe merece "elevada expressão mental e artística", atingindo no século XX um patrimônio literário e de cultura capaz de satisfazer a crítica exigente.

Tanto na divisão da literatura brasileira em duas eras como no juízo crítico, Soares Amora navega na esteira de

José Veríssimo. O antagonista de Sílvio Romero tinha declarado a literatura colonial, com raras exceções, "sem feição nem caráter, inculta e grossa". Atento ao "gênio nacional", José Veríssimo acompanha a evolução da literatura brasileira, o seu caráter formador, até Machado de Assis, à obra do qual não regateia elogios. Considera *Memórias Póstumas de Brás Cubas* a obra "mais excelente que nossa imaginação já produziu".

Alfredo Bosi localiza a origem da literatura brasileira na Colônia, "o outro" em relação à Metrópole, privilegiando a "ideologia"; vê o limite da consciência nativista nos inconfidentes de Minas, do Rio de Janeiro, da Bahia, do Recife.

Nelson Werneck Sodré entende que se pode considerar nacional apenas a literatura que principia em 1930. Entre a nossa emancipação política e essa data, tivemos – argumenta ele – nada mais que esboço de literatura nacional. O que de novo se podia esperar da era colonial (não desarticulada pela Independência nem pela República), marcada pela imitação e pela rotina? Tampouco o movimento modernista, heterogêneo, repetidor de experiências formalistas européias, teria logrado renovar o país como pretendia. Reformas, só a partir de 1930: transformação da economia, restrições ao latifúndio, crescimento do mercado interno, rede de transportes, surto industrial. Como as formas estéticas aparecem historicamente condicionadas, não se procure maturidade antes.

Estabeleçamos os falantes. Com o objetivo de conferir ao eixo de comunicação elaborado por Jakobson feição precisa, Michel Pêcheux lhe propõe notável desenvolvimento. Não basta, observa Pêcheux, apresentar o emissor e o receptor como presença física de organismos individuais, importa inseri-los em situação concreta. Tomemos a ordem: "Me dá aquele martelo". Fora de situação, ela transmite um conteúdo nocional inteligível a determinada comunidade lingüística, orientada pelo código da linguagem falada. Imaginemos como emissor o patrão e como receptor o empregado. Sublinhando a dissimetria, a ordem afirma a ascendência do emissor sobre o receptor. A ordem gera considerações silenciosas: "Dou-te esta ordem porque tenho o direito de fazê-lo. Pago-te para isso. Se me desobedeceres, posso até despedir-te". O receptor poderá refletir: "Se espera que o ajude, por que não pede com delicadeza? Acontece que ele é o patrão. Preciso do ordenado que ele me paga. A necessidade me obriga a cumprir esta e outras ordens". Imagine-se o empregado na situação de emissor e o patrão na de receptor, a ordem: "Me dá aquele martelo", seria inconcebível. Pêcheux observa que em cada discurso se formulam perguntas implícitas: "Quem sou eu para falar-lhe assim? Quem é ele para eu lhe falar assim? Quem sou eu para ele falar-me assim? Quem é ele para falar-me assim?" Se uma pessoa sem vínculo empregatício ocupasse o lugar do receptor, o mesmo emissor poderia dizer: "Você poderia fazer-me o favor de me alcançar aquele martelo?"

Preocupado com o ser dos falantes, Pêcheux abre novas possibilidades às pessoas comprometidas no eixo de comunicação. Ao reconhecer a pertinência dessas considerações para a análise do discurso literário, consideramos adequado introduzir outras perguntas: "Onde estou eu para escrever assim? Quais são os meus objetivos? Onde estão os meus leitores?" O novo espaço e o novo contexto social alteram a fisionomia do que se escreve. É legítimo na periferia agreste usar a linguagem que se usa na corte? Os recursos literários de lá são apropriados longe dela? Visto que o novo espaço e o novo contexto afetam produção textual, estas e outras perguntas acompanham quem se ocupa com a análise de discursos.

Conflituoso foi o nascimento das unidades periféricas desde o princípio. A expansão das potências centrais, orgulhosas de seu passado, enriquecido pela saber e pela arte recentemente adquiridos, provocam o colapso das estruturas que tocam. Camões declara com vaidosa serenidade que os lusos andaram devastando as terras viciosas da África e da Ásia. A periferia se fortalece na resistência à devastação, violentamente contida pela superioridade bélica dos conquistadores. A depredação leva a periferia a reconhecer-se como periferia. A auto-afirmação se constitui ante a proibição de ser.

No esquema de Pêcheux, em questão estão as pessoas e o lugar. *Eu-tu-ele* não comportam conteúdos definidos. Alterem-se os conteúdos, alteram-se as relações. Frente a situações novas, o eu se reconstrói e com a móvel colaboração de outros eus organiza o espaço em que está.

Separamos barroco e maneirismo. O barroco, comprometido com a subordinação, luta para recompor a unidade solapada por reformadores e humanistas. O maneirismo, desencadeado pelo dinamismo desagregador, tende para a coordenação, a autonomia das partes, a subversão de hegemonias, podendo manifestar-se tanto na arte renascentista como na barroca, ambas centralizadoras. Dissolvendo o império da razão iluminista, o maneirismo desencadeia o romantismo e leva a repulsa à subordinação até os extremos do letrismo dadaísta nos alvores deste século. A autonomia da letra é o mais avançado estágio da autonomia paratática.

Barroco e maneirismo unem-se na utopia, suposta ou sonhada. A hipótese do não-lugar idealizado provoca a degradação deste lugar. O homem barroco sonha tão intensamente com o não-lugar que procura concretizá-lo aqui, seja na construção de igrejas, seja na organização de sociedades perfeitas, seja na imaginação literária.

Contra o que se dirige Oswald de Andrade ao definir a antropofagia? Contra o cientificismo positivista, contra o bacharelismo eloqüente. O modernismo brasileiro agride nossa tradição retórica com raízes profundas nos tempos coloniais. Seduzidos pelo brilho do discurso, as poucas famílias ricas deste vasto território mandavam seus filhos a Coimbra que voltavam retóricos e sem olhos para as dores do país. O discurso invadiu os alexandrinos bombásticos de Bilac e a prosa rechonchuda de Coelho Neto. A regeneração da literatura requeria o estilhaçamento da grandiloqüência, calamidade nacional que asfixiava o movimento criador e ilhava os raros momentos da arte narrativa. Oswald devora antropofagicamente o Brasil do passado e o apresenta reelaborado; devoração e reelaboração semiótica, intertextual, em que a narrativa histórica se metamorfoseia em achado poético, conduzido pelo acaso. O requinte parnasiano vira singeleza, a tristeza cede à alegria, a seriedade importada é banida pela festa. Contra a lógica aristotélica se levanta o pitoresco, a cozinha, o minério, a dança, a vegetação; esta, na desordem natural, desarticula a racionalização da poética antiga. As palavras em liberdade estabelecem linhas temáticas, constelações móveis que revivem no jogo imaginativo do leitor. A poesia produto de exportação, a poesia pau-brasil, achada por acaso, inconsciente, primitiva, bárbara e nossa desarticula geórgicas virgilianas, agride com sons exóticos a eloqüente ópera wagneriana; com a cultura indígena afronta o doutorismo; com a preguiça, o industrioso homem europeu.

Solidário com a antropofagia e empenhado em construir síntese nacional, Mário de Andrade escreve *Macunaíma*, romance que se mantém na fronteira entre a prosa e a poesia. A personagem central apresentada como "herói sem nenhum caráter" decreta a demissão dos caracteres produzidos pela prosa realista. Descaracterizado, Macunaíma, nos repentes de ação compensados pela preguiça, representa não o indivíduo mas o homem brasileiro em geral. A Mário de Andrade interessa a essência da brasilidade despida de máscaras raciais, locais e individuais. Com o mesmo objetivo procura construir um idioma brasileiro formado dos falares das diferentes regiões. Para tanto é-lhe necessário desarticular o "discurso". Note-se a diferença entre a síntese de Mário e as sínteses dos expressionistas. Enquanto estas estavam empenhadas no sonho utópico de unificar o Globo, os brasileiros propunham a construção do Brasil. O máximo que os brasileiros conseguem é voltar os olhos para a América. Mas síntese nenhuma englobava a Europa como se vê nas palavras de Macunaíma dirigidas aos irmãos, referindo-se ao símbolo do europeu gigantesco, Pietro Pietra, que partira para o outro lado do Atlântico:

– Paciência, manos! não! não vou na Europa não! Sou americano, o meu lugar é na América. A civilização européia na certa esculhamba a inteireza do nosso caráter.

Vê-se nessa atitude antieuropéia a luta de um país periférico contra a ameaça niveladora das potências hegemônicas. O discurso combatido foi considerado herança espúria de uma intelectualidade europeizada. Os intelectuais e a matriz foram atingidos no mesmo ataque.

A ênfase nacionalista não cegou os renovadores brasileiros para a dívida às vanguardas européias. Entendiam, no entanto, os nossos, a apropriação como reelaboração a fim de que pudesse tornar-se benéfica. Para Oswald de Andrade, a apropriação é rito antropofágico em que os participantes do repasto absorvem as forças do inimigo. Reflita-se com plena lucidez sobre a violência. Tratava-se de ser devorado ou devorar. Como as mandíbulas européias tinham sugado nossas forças por quatrocentos anos, julgavam os modernistas que, para salvação nossa, chegara o momento de levantar contra eles dentes antropofágicos.

A reação brasileira indica como eram ilusórios os sonhos de síntese elaborada além-mar. Renasceram revigorados os estilhaços deixados pela Primeira Guerra Mundial. Joyce mais em *Finnegans Wake* do que no *Ulisses* propôs uma síntese universal feita de mitos, sistemas de pensamento, línguas – oriundos de todos os lugares e épocas. O mesmo esforço leva T. S. Eliot a montar um livro com citações que justapõem passagens dos livros sagrados da Índia e autores franceses, *The Waste Land*. Enquanto isso os brasileiros lutavam contra o imperialismo que essas sínteses representavam.

As sínteses supranacionais não tardariam a aparecer também no Brasil. Surgiram num período de ênfase desenvolvimentista entre o fim da Segunda Guerra e os anos 60. Mostrando recursos que lembram os expressionistas, Clarice Lispector estréia em 1944 com *Perto do Coração Selvagem*. A recusa de nomear o objeto como apreendido na percepção vem expressa no título. A ficção de Clarice busca o humano além das diferenças de sexo, classe social e povo. O conflito por ela criado revolve as raízes do homem.

Na mesma direção caminha Guimarães Rosa, reativando o regionalismo já esquecido. Riobaldo, um jagunço que se mete a falar sobre intrincados problemas do Ocidente na linguagem do sertão, impregnada de requintes dos meios cultos, espanta desde a primeira página. A fala de Riobaldo avizinha o rústico e o erudito, apagando as fronteiras que separam um de outro. Fala um homem livre de limites e com plena consciência disso ao declarar: "o sertão está em toda a parte". Nessa mesma época, o nosso concretismo não buscava o Brasil mas o mundo. Da mesma maneira, em nossa indústria incipiente, os vanguardistas brasileiros proclamavam com orgulho que estavam produzindo artefatos literários destinados à exportação.

O sonho da prosperidade durou pouco. Desacertos administrativos desequilibraram nossa economia, agravando os problemas sociais. O nacionalismo dividiu-se em manifestações de esquerda e de direita até que, em nome da preservação da ordem, se instaura o regime militar de 1964. O Brasil voltou a apresentar corpo fraturado. A consciência da fratura caraterizou os textos mais representativos dessa época. Destacamos *Reflexos do Baile*, de Antônio Callado, aparecido em plena vigência da repressão. O romance mistura a linguagem castiça, "arma de conquista", com a gíria e os palavrões dos jovens brasileiros. Páginas de língua inglesa invadem a narrativa. O decadentismo da antiga metrópole européia convive com maquinações imperialistas e com a ameaça de ação guerrilheira. O romance, construído em mosaico, oferece engenhoso jogo de armar que não se rende a leitor desatento. A montagem sugere um espaço que perdeu o centro unificador. Perda que se nota também em *O Mono Gramático*, de Octavio Paz. *O Mono Gramático* do mexicano lembra o *Ulisses* de Joyce, que leva de Dublin a Dublin, que acaba onde começou, que em cada imagem dispersa associações, admitindo na estrutura circular acesso em todos os pontos. Ingressamos no mundo sem hegemonias, sem centro, sem periferia, o fascinante mundo dos signos em rotação. Ainda somos convivas do festim antropofágico de Oswald ou já devolvemos à infância o prazer da assimilação oral? A suspeita de que o ocaso da antropofagia aconteceu em *Grande Sertão: Veredas* se reafirma em *Catedral de Colônia* (1985), poema de Affonso Romano de Sant'Anna. A Catedral de Colônia, símbolo do gênio e da tenacidade europeus, infensa aos exércitos de Napoleão e ao bombardeio americano, treme nos fundamentos quando agredido pelos versos de Sant'Anna. O poeta, provocado pelo desejo de saber, enreda-se no cipoal de suas próprias definições. Estas indefinem em vez de definir. O texto que, por séculos, se oferecia claro como um livro aberto a almas esperançosas, se obscurece ante os olhos indagativos desse índio brasileiro. A Europa, enferma da febre das contradições, não lhe apetece. Onde está força que a ela se atribuía nos anos 20? O poeta não busca o Velho Continente com a atenção submissa do discípulo. Lê nas pedras do templo a violência praticada em culturas subjugadas, fatal para astecas, maias, incas e guaranis. Seis séculos de trabalho para subir do fundamento às torres não inauguraram a esperada centúria sabática, visto que os braços libertos da requintada arquitetura se exercitam na opressão das colônias. Mais do que um monumento erguido para deslumbrar, a Catedral cintila como um espelho em que o poeta mira suas próprias contradições. Este, em busca das origens, encontra a origem dos seus conflitos. A boca devoradora cede lugar aos olhos críticos. Se os dentes assimilam, os olhos, desde os gregos, abrem abismos, alongam distâncias, fustigam. Os versos de Sant'Anna avançam inseguros e teimosos como a lentidão do rio que cava o leito em terra inóspita. O movimento é de ataque e recuo, perdido o norte e a noção de progresso. Finda a febre antropofágica, sobra-nos tempo para a conversa sem fim previsto, para o exame atento, para a decifração do mistério.

Generalizado o diálogo, some-se o conceito de "contraliteraturas" como definido por Bernard Mouralis. As contraliteraturas, sem perfil definido, subsistem apenas na vigência de centros de prestígio, geográficos ou textuais. Ainda poderíamos avançar tipologias quando se trata de fotonovelas, romances de folhetim, histórias em quadrinhos, todos compreendidos na classe da contraliteratura. Mas o que entender quando se apresentam até as literaturas espanhola e inglesa como contraliteraturas, confrontadas com a francesa em determinado período? Contraliteratura é a periférica. Mude-se o centro, mudam as periferias, erguem-se contraliteraturas ao nível de literatura. Não foi isso o que aconteceu com o romance? Observada a instabilidade da classificação, estamos autorizados a afirmar que não há contraliteraturas, só há literatura, ou, o que dá no mesmo, privilegiada uma variedade literária, todas as demais serão contraliteraturas. Distinguir certa literatura, diminuindo as demais, é perpetuar a colonização.

Saímos da dependência pela interdependência, o cruzar dos textos. O cruzar deverá acontecer dentro da nação, das nações. Tome-se nação em todos os sentidos. Não teremos vencido a dicotomia centro/periferia enquanto, com o privilégio do culto, do urbano, votarmos ao desprezo o popular, o rústico, o colonial. Literatura culta e literatura popular, literatura nacional e literaturas estrangeiras deverão entrecruzar-se num diálogo sem fim. Não haverá texto de ressonâncias universais enquanto cultivarmos exclusões. Não atingiremos a universalidade atentos ao outro com o sacrifício do que é nosso. Mantemos em mira a meta de que a diferença enalteça os diferentes. Superada a oposição centro/periferia, teremos a oportunidade de provocar diálogo de iguais. Queremos um diálogo nacional, nascente, acima das unidades políticas, um que não iniba nenhuma voz, acolhidas todas no concerto universal.

A antropofagia destrói o outro para assimilar-lhe a superioridade, a força, o mando, a essência. O diálogo, estabelecendo o outro como outro, nega a antropofagia, deixa o outro ser. Falante nenhum corre risco na presença de quem dialoga. Perece a fala, não o falante; fala que na contestação se regenera. Falar agônico. Cair no silêncio, na morte e reviver: destino da fala. Como nenhuma fala se encerra, não se distribua a fala em categoria metafísica de princípio e fim. Não se procure o ponto final. O diálogo é enquanto acontece. Agonia sem princípio nem fim. *Lexis eiromene*.

A maturidade literária se manifesta na construção soberana de textos, seja a substância lingüística autóctone ou adquirida. Havendo determinação de construir (*poiein*), o resultado será *poiesis*, venha donde vier a participação. A abertura de fronteiras culturais, longe de perverter, alia forças para a execução de projetos imprevistos. Se déssemos ouvidos a Spengler, que entendia as culturas comandadas por leis semelhantes às que determinam o ciclo das plantas, baldado seria o esforço de comunicação. Sujeitos estaríamos a retenções passadas e futuros tirânicos. O *poiein* se realiza na liberdade de escolha, exercida no legado de outras gerações e de outras culturas. O diálogo acontece nas construções de Jorge Luis Borges, de Julio Costázar, de García Márquez, e de Lezama Lima, diálogo explosivo e sem fronteiras, atravessado de muitas falas, liberto do fim teleológico exigido como ponto de excelência pelo metafísico Aristóteles. A *lexis eiromene*, preterida, se instalou no centro dos nossos textos, donde, nas infrações cometidas pelo escrevente, desarticula o ditado do ditador como ocorre em *Yo el Supremo*, de Roa Bastos. Incorreto seria medir o subdesenvolvimento literário por índices econômicos. Subdesenvolvidas mostram-se as literaturas que, rompendo o diálogo, se fecham em si mesmas. Se estranhamos a ausência das literaturas luso-hispânicas no quadro universal dos *Cantos* de Ezra Pound, a ausência prejudica o texto silenciador, não os textos silenciados. A demarcação de fronteiras, o estabelecimento de espaços proibidos se deu no interesse da conquista. Importa refletir sobre a mobilidade que nos foi negada. Não se exclua do grêmio dos interlocutores a atividade crítica, cabe-lhe traçar as linhas que comporão o perfil da literatura latino-americana. Se a ruptura nos fez nascer, urge aproximar as partes para fortalecer o todo, aberto, dinâmico, histórico, sem o entrave de letárgicas essencializações. Compreendemos assim a substância da latinidade, espaço amplo, oferecido, desde o princípio, à pluralidade das culturas. Aproximemos as noções nascer e conhecer. Nascemos com, conascemos. Conascendo, conhecemos. Reconhecendo, renascemos. Tão importante como o rosto das nacionalidades é a energia que as fez nascer e que as irmana. O nosso passado, o da ruptura, é verdadeiramente nosso quando o interpretamos; interpretado, ele se faz história, a história que agora vivemos e movemos. Com a interdependência, vencemos a dependência.

Percorremos nações de vivos e freqüentamos a nação dos mortos. Nesta descida, demandamos a nossa, as camadas mais profundas dela, o Brasil colonial. Este não é o inferno dantesco, matemático, organizado. Este se parece mais ao território invisível (*aides*) freqüentado por Ulisses. Sinto-me como o navegador grego, de espada em punho ante a poça de sangue para selecionar almas sedentas. No meu caso, a espada é o estilete com que escrevo e o sangue é a tinta. Os mortos que solicitam sangue para alguns momentos de vida são mais do que os que acolhem as páginas do livro. A seleção é fatal e feita ao acaso das solicitações. Conversa feita do presente – movida por inquietações presentes com o passado. Preocupação de reconstruir o passado, projeto impossível, não há. Conversa de quem passa sem pressa de avançar, sem preocupação de chegar a um fim predeterminado. O livro não tem porta de entrar e sair. Entra-se por onde se quer e assim se sai. Lá dentro os movimentos são livres. Dependendo do rumo que se toma, outras serão as associações. É um jeito de fugir das ruas de mão única, de determinismos, de construções teleológicas, aristolélicas. Fuga das determinações, de todas, incluindo as cronológicas, para a liberdade de espaços abertos. Ir e vir num processo contínuo de vivificação. Iluminações.

2
A RETÓRICA DA SUBORDINAÇÃO NA CARTA DO ACHAMENTO

Da carta de Caminha, a fortuna guardou o original. O diário de Colombo e a correspondência de Américo Vespúcio foram retrabalhados por outras mãos. Para chegar a partes do diário redigidas pelo próprio Colombo temos que atravessar o resumo de Las Casas, sacerdote dedicado, que entendeu salvar assim a memória de Colombo, esmaecida pelos feitos menores de outros navegadores. O que se passou com a correspondência de Américo foi mais grave. Compiladores que pensaram misturar cartas dele com informações de outras fontes levaram a correspondência de Vespúcio às fronteiras da ficção literária.
   O pulso de Caminha move-se com a firmeza de quem sabe. A pena dança para a direita e para a esquerda, traçando enigmas para os intérpretes. O tempo impregna a escrita de Caminha e a distancia como acontece na pintura. Os pa-

rágrafos se dispõem emoldurados como quadros. A letra que não é facilmente legível a outros olhos que não os do destinatário evolui ciosa de privacidade. Os leitores que desvendam penosamente os seus mistérios experimentam emoções de quem penetra em recintos secretos. D. Manuel não a publica. A imprensa nascente não chega a profanar esse documento.

Sñor (Senhor), essa é a saudação. Sem a pompa de epítetos majestáticos, *Sñor* sobrevoa a carta entre intimidade e respeito. Nas evoluções feitas pelo *S*, a saudação lembra a assinatura, em que a personalidade do signatário se revela. *Sñor*, na saudação de Caminha, alcança presença ideogrâmica. Epítetos, se os há, fazem-se visuais.

O *S*, ao se dobrar sobre o corpo da palavra, lembra as asas desfraldadas da gaivota, evocação dos mares percorridos pelas naus do rei navegador. Sigamos as várias conotações que evoca o ideograma. Podemos ver na linha que se dobra sobre *Sñor*, além de formar o til sobre o *n*, velas que se dobram impelidas pelo vento? Se estamos autorizados ainda a discernir nela a abóbada celeste, podemos desdobrar *Sñor* em dois: O Senhor do céu (Jesus Cristo) e o Senhor da terra (D. Manuel). Favorecido pelo céu, D. Manuel estende o seu domínio sobre a terra, fazendo de Portugal o reino messiânico de seu tempo. O absolutismo de D. Manuel não carece de mais eloqüente representação. A linha ainda desenha a parte superior do coração, símbolo da bondade do Senhor celeste que se derrama no mundo através do seu representante terrestre, o monarca do messiânico reino de Portugal. A soberania celeste se espelha na soberania terrena. A linha lembra a cabeça coroada.

Quando no século XVIII, romances epistolares disputavam a preferência do leitor, os romancistas já tinham perdi-

Primeira página da carta de Pero Vaz de Caminha, dirigida a D. Manuel, datada "deste Porto Seguro, da Vossa Ilha de Vera Cruz, hoje sexta-feira, primeiro dia de maio de 1500".

do a arrogância da visão abrangente, a petulância de um saber que excede todos os saberes, marcas da literatura épica. A carta fragmenta o saber. Quem escreve cartas fala do seu lugar, de suas visões e de suas opiniões. Texto de visões abrangentes, síntese de muitos lugares, de muitas vivências, não é carta.

Se constatamos ao final da Idade Média a emergência do indivíduo contra a cultura anônima e coletiva, não surpreende o recrudecimento ímpar da epistolografia, que granjeou nome a muitos de seus cultores.

Com justiça observa Derrida que, como há um ser-para-a-morte, devemos admitir um ser para o telefone. Antes do ser-para-o-telefone, houve o ser-para-a carta.

A carta nos devolve a uma época em que a palavra oral, desprovida de aparelhos, circulava no espaço do contato pessoal, auxiliada pela entonação, pelo gesto, pela expressão facial. A carta abre distância em direção ao objeto e em direção ao outro. O epistológrafo inventa recursos que lembram a viveza da conversa, irrecuperável pela ausência da resposta imediata. O missivista adivinha as reações do destinatário, sonda-lhe os sentimentos, responde a perguntas tacitamente formuladas.

A carta de Caminha vem de um outro mundo, de um novo mundo embebido de exotismo, esperança e sonhos. A correspondência dos navegadores abala pretensões de saber total. Quem atravessa o mar traz informações únicas.

De Caminha não sabemos muito. Não se conhecem dele outros documentos com os quais a carta possa ser comparada. Acompanhou Pedro Álvares Cabral até a Índia, onde sucumbiu vítima da revolta contra a dominação portuguesa.

A carta dá voz às apreensões de D. Manuel. Uma frota de treze navios é um investimento vultoso e de alto risco. Se a fúria dos ventos destroçar a frota, planos cuidadosamente elaborados se afundam nas ondas do mar. Donde buscar recursos para compensar a perda? Vem a carta. As evasivas de Caminha deixam sem apoio necessidades imediatas. As imprecisões são suficientes para desencorajar ocupação imediata. O rei, não tendo diante de si o informante, vê-se levado a conversar com palavras grafadas no papel. As lacunas o querem intérprete, convidam-no a dizer o que elas não dizem. A carta sugere lucro advindo de uma futura exploração agrícola. Em silêncio fica a falta de interesse imediato.

Primeiro, o oceano foi atravessado por navios, agora, por cartas, textos que configuram o novo território para cartógrafos, para ficcionistas, para pensadores, para conquistadores. Os textos que atravessam o oceano não são menos importantes do que navios e mercadorias. Textos conectam, separam, alimentam pensamentos e ambições.

O texto que gera textos nasce na periferia e se dirige ao centro, partindo o mundo em dois. Uma carta não se produz sem geografia. Na carta, grafia e geografia se enredam. Da grafia, a das cartas, nasce a cartografia.

Caminha mostra, desde as primeiras linhas, o toque de um humanista. Portugal se renova antes do retorno de Sá de Miranda da Itália em 1527, ano apontado como início do renascimento português. Mudanças vinham se processando gradativamente e com firmeza. Múltiplos e freqüentes eram os contatos entre as cortes européias. O êxito que o país ibérico já tinha alcançado na tipografia, nas ciências, nas letras, nas viagens marítimas e nos descobrimentos conferia aos lusitanos evidência entre as nações desenvolvidas. Em muitas áreas Portugal se transforma sem influência italiana. A complexidade européia não se reduz a uma único renascimento. Há vários, disseminados no tempo e no espaço.

    Já a modéstia inicial que leva Caminha a declarar que os capitães incumbidos de mandar notícias ao rei o superam em "bem contar e falar" denuncia formação retórica, não interrompida ao longo da Idade Média. Na alegação do não-saber sentimos leve ironia socrática, que ganha na renascença novo alento com o respeito devotado a Sócrates. A ironia filtra certo ceticismo que mina a seriedade de episódios imponentes. O ironista se esconde atrás de máscaras. Máscaras são as palavras, o mundo exótico visto e oferecido. O narrado não vale só pelo peso referencial, vale também pela força da contestação. A ironia transforma objetividades em instrumento retórico. A metáfora toma o lugar da fidelidade do espelho. Caminha elabora uma carta inteligente, alegre, contidamente cômica, marcas renascentistas. Unindo relatar e falar, escreve sem perder o sabor da linguagem coloquial. Estranha a jovialidade no povo que domina o próspero comércio com as Índias, que avança em prestígio na comunidade européia, que floresce nas ciências e nas artes? Comparando a carta de Caminha com as cartas deixadas por Colombo, notamos a diferença. Colombo é dramático, informativo, canhestramente repetitivo quando lhe interessa convencer rei e rainha das riquezas fabulosas nos territórios descobertos. Caminha sabe construir períodos, introduz com elegância gracejos picantes, arma cenas de plasticidade pictórica. O idioma português lhe dá recursos que o latim da época, por ser língua erudita, não tem. A intimidade entre Caminha e D. Manuel, o rei, alicerçada em serviços e favores que unem a família de Pero Vaz à casa real desde os tempos de seu avô, contribuem para excluir da carta a frieza de documentos oficiais.

Ao fazer diferença entre embelezar ("afremosentar"), ver ("vy") e parecer ("me pareceo"), Caminha discute a retórica medieval, que dispensava a investigação na busca da verade. Guiado pela observação, o missivista já se acautela de chamar asiática a gente da nova terra, ilusão que ainda inflamava os sonhos de Colombo. Além de informações nada convincentes adquiridas de fontes espanholas desde 1492, ano do descobrimento das primeiras ilhas do Caribe, os portugueses se beneficiaram dos conhecimentos adquiridos através de Vasco da Gama, que em 1498 coroara o denodado esforço português de alcançar a Índia por mares do Ocidente. Em oposição aos falsos índios do Genovês, os lusitanos tiveram o privilégio de divulgar na Europa conhecimentos sobre os verdadeiros habitantes da Índia. Prudentemente Caminha elege nomes abrangentes ("homens", "gente") para designar os exóticos habitantes das descobertas ocidentais. Atento a fatos e informantes, cumpre-nos reconhecer-lhe o mérito de manter separadas observação cuidadosa ("vi"), informação incerta ("me pareceu") e elaboração literária ("embelezar").

Anotações atribuídas ao parecer pontilham a carta. Parece que os nativos não reconhecem a ninguém por Senhor. Caminha presume que não têm casas, acredita que sejam atraídos mais pelo ferro das ferramentas do que pela cruz que está sendo confeccionada, tem a impressão de que há muito mais aves do que as que teve oportunidade de ver... As notas, abundantes, atribuídas ao parecer, salientam a perspectiva do missivista, sempre favorável à empresa. A rigorosa distribuição das observações em dias impede que a subjetividade prejudique a credibilidade do relato. Caminha dispõe-se ao observado sem omitir impressões, caracterizando-as como tais. Sai e não sai de si. Desenvolve uma carta que é também revelação a si.

Informações colhidas pelos olhos se fazem escrita. A distância, suposta, sonhada, é iluminada por um eu, uma testemunha. Nas palavras da testemunha, o sonhado ganha proporções de coisa vista. Caminha descreve cautelosamente. O ver confere autenticidade ao parecer e ao embelezar. O visto não se rende de todo ao olhar de quem passa. O parecer solicita atenção de outros observadores.

Ao passar do observador ao receptor, a carta se aproxima e se afasta do objeto. Tanto quanto o objeto, ou até mais, valem as relações pessoais. O eu da testemunha toca o ele (eles) do objeto, o nós (outras testemunhas), o destinatário e se distancia. *Sñor* é pessoa e lugar, lugar aberto a outros lugares, os membros da corte, Portugal, Espanha, a Europa.

A relação pessoal culmina no pedido de perdão a um genro preso. Caminha se põe no lugar dos arautos, recompensados quando portadores de notícias favoráveis.

Carta não é crônica. A crônica, ignorando o narrador, chama atenção para o narrado. O receptor, não incorporado na elaboração do texto, dilui-se no geral, sem idade, sem classe social precisas, fora de tempo e de espaço localizados. Na carta a relação emissor-receptor ocupa o primeiro plano. O rei tem em mãos um documento escrito por uma testemunha. Testemunha o cronista não precisa ser. A carta, vinda do próprio teatro dos acontecimentos, sublinha o espaço, a distância. Trazida das regiões de além do oceano, a carta define o outro mundo que, tocado pelos descobridores, se define como periferia. O espaço distingue esta carta dos documentos produzidos no continente europeu. Do sonhado passa-se ao visto. A visão toma o lugar da imaginação.

Percebem-se ao menos duas redações na carta enviada por Caminha ao rei. Na primeira versão, o epistológrafo anota minuciosamente o que ocorre desde a chegada, terça-feira, dia 21 de abril de 1500 até a véspera da partida, sexta-feira, 1º de maio. A frota seguiu rumo à Índia no dia 2 de maio, antes de se completarem duas semanas de permanência na nova terra. Cabral continuou a viagem com onze navios. Dos treze saídos de Belém, um naufragou já no início da viagem e outro retornou com a notícia da descoberta. No dia 1º de maio, Caminha, a partir das notas, redige a carta e a assina. A redação final, em que resume o sucedido entre a partida de Belém, segunda-feira, dia 9 de março, conta ainda com a conclusão em que se registram as recomendações ao rei.

A redação final não altera os dados dia por dia anotados. Se no primeiro contato com os portugueses os índios rejeitaram os manjares que lhes foram oferecidos, provavam, depois, tudo o que os forasteiros lhes ofereciam. Percebendo a índole pacífica dos índios, os portugueses abandonaram a cautela inicial que os levava a ordenar deposição de armas. A confiança crescente dispensa cautelas. Caminha deixa intata a anotação feita no domingo de que os aborígines não constroem casas, mesmo que anote no dia seguinte, melhor informado, a existência de uma aldeia com dezenas de habitações, longas como a nau capitânia, suficientemente amplas para abrigar muitos, providas de fogo e de redes para o repouso.

Na elaboração final, crônica e carta se misturam para acolher várias opiniões do informante. Caminha salienta a facilidade do processo civilizador. Ao que tudo indica, os nativos não ofereceriam resistência aos costumes europeus. O epistológrafo acredita que dois degredados bastam para civilizar em pouco tempo centenas de indígenas. Os portugueses encontrariam numa segunda visita condições bem mais favoráveis que as presentes. As considerações finais, subordinadas ao parecer, coroam as anotações feitas dia-a-dia.

O parecer, ao se isolar do ver, destaca a carta de Caminha tanto de narrativas fantasiosas, correntes na Idade Média, alheias ao cuidado de fidelidade referencial, como da literatura bucólica, eivada de estereótipos literários. Pelas suas características, a carta conquista um espaço próprio no âmbito da produção literária.

Caminha elege o mais difícil, a descrição dos homens, da flora, da fauna, da geografia. Não faltavam conhecimentos aos navegadores para, com o uso de aparelhos e a leitura dos céus, traçar caminhos no mar ignoto; dar informações corretas sobre a terra descoberta requeria outras qualidades. Como falar de plantas e de animais exóticos na falta de sistemas de classificação? Como entender homens que não se vestem, não vivem em cidades e emitem sons estranhos? Para não lhes fazer injustiça, melhor seria situá-los no dealbar da humanidade, longe das complexidades dos países cultos. Excluindo-os da história, ninguém estranharia que aparecessem sem religião, sem governo, sem guerra, inocentes, obedientes e bons como as crianças. Nessas circunstâncias, acolhê-los como protegidos sem os consultar era até um ato humanitário.

O epistológrafo recorre ao código *com/sem* para classificar a humanidade. Aos homens sem governo, sem guerra, sem vestes, sem religião, sem maldade, Caminha opõe os europeus *com* os atributos negados aos índios. Convívio maior dos europeus com os povos achados nas novas terras e outros interesses deverão reconceituar essa polaridade.

Na Europa, os homens refletiam sobre si mesmos, orientados pela tópica de antigos e modernos. Excluídos estavam os árabes e a Idade Média, culturas rejeitadas. Antigo era o mundo recuperado, o mundo dos modelos tidos como eternos, o mundo greco-romano. Outra é a norma de europeus que saem do seu continente e se defrontam com novas culturas. Caminha não elaborou o elenco das negações firmado só na observação; norteava-se também pelo esquema mítico das *Metamorfoses* de Ovídio.

Se o homem primitivo vivia próximo da perfeição sonhada, o europeu moderno só podia considerar decadentes os seus próprios costumes. Os descobridores se emaranham em dificuldades classificatórias de que não conseguem sair. Confrontados com a simplicidade de homens da idade do ouro, são decadentes, mas olhando para o desenvolvimento da ciência e das artes, nenhuma cultura presente ou passada excede o florescimento europeu dos últimos tempos. A beleza inocente das mulheres, que não está relacionada com o desenvolvimento científico, deixaria as européias envergonhadas:

> E uma daquelas moças era toda tingida, de baixo a cima, daquela tintura; e certamente era tão bem feita e tão redonda, e sua vergonha – que ela não tinha! – tão graciosa, que a muitas mulheres de nossa terra, vendo-lhes tais feições, provocaria vergonha, por não terem as suas como a dela.

Esboça-se aqui a tópica das utopias. Ao idealizarem estranhas civilizações, os autores de fantasias utópicas condenam, por comparação, o que lhes parece reprovável nos costumes europeus. O universo da cultura européia se desestabiliza. Outra cultura julga a própria. Os europeus, quando retornavam aos seus países de origem, enxergavam com outros olhos. Certezas seculares vacilam sob a severidade desse olhar.

E o sentimento das européias? Dele não fala Caminha. Mas dele falam as cantigas d'amigo portuguesas. Torturadas pela ausência, as mulheres abandonadas sonham com o retorno do amigo seduzido por exóticas belezas. As cantigas, ainda que redigidas por homens, recolhem o calor de lágrimas que caem amargas nas amargas ondas do mar. É a maneira feminina de evocar o paraíso, simbolizado pelo lar e o companheiro, levado para longe pelas naus que se perderam no horizonte. Para sempre? Como recuperar a doçura de olhos seduzidos por belezas distantes?

O olhar europeu faz dos nativos homens que ainda não acordaram e que por isso são felizes. Por estarem adormecidos, o olhar não responde ao olhar. A solicitação, não sendo sentida, não é respondida por oferta ou fuga. Os índios, se fogem, é do estranho, mas não do olhar dominador. Que se ocultassem desejos e crimes no olhar estranho, isso os índios não sabiam.

Duas imagens de mulher se estampam na arte religiosa do renascimento, a da mãe com o menino (Rafael) e a da mãe com o filho morto nos braços (Michelangelo). Acrescente-se a essas a mulher desnuda da arte profana (Cranach). Mas dessa os europeus não tinham experiência pública além do corpo exposto em estátuas e pinturas. Eis a razão do olhar insistente pousado no corpo das índias que se movem inocentemente na praia. A carta não é o lugar para Caminha se demorar na licença dos descobridores, mas a indiferença infantil registrada nesses primeiros contatos é pouco convincente, considerando-se a licenciosidade costumeira. Camões oferece outra imagem dos navegadores, cansados de longas semanas de labuta no mar. Os folguedos narrados na Ilha dos Amores em *Os Lusíadas* parecem corresponder melhor aos fatos do que os castos olhares na carta. A arte sabe ser mais verdadeira, por vezes, do que o registro documental. De qualquer modo, as nativas de Cabral foram vistas como nunca o tinham sido antes. Caíram sob um olhar que objetualiza a contemplada.

Embora observador arguto, Caminha não se desembaraça de informações hauridas em fontes escritas. Observação e texto consagrado se opõem como outros pólos de conflito. O homem da renascença ora registra o que vê com os olhos, ora preserva o que lê em livros sem critério que torne menos problemática a hesitação.

Tomemos três formas de existir: ser, estar e ponderar. Entenda-se como ser o projeto ocidental de explorar o invisível atrás do visível, o comum no particular, rumo ao fundamento de todas as coisas, estável, fecundo, eterno. Seja *estar* tanto a imersão no circundante praticada por homens que não primam pelo exercício da reflexão como o viver das sociedades que Lévi-Strauss considera congeladas, para as quais, acomodadas no aparente, o ser não faz apelos. Entendamos como ponderar o reexame radical de quaisquer pressupostos. O confronto de europeus e índios provoca em ambos a passagem do ser e do estar ao ponderar. Os portugueses que retornam, depois do que viram no mar e além do mar, não são os mesmos. O ponderar os leva a novas representações de si mesmos e do mundo. A transformação dos índios é mais lenta. Muitos morrem antes de compreender o que ocorreu. Esta primeira visita de barcos e homens estranhos, seguida por longa ausência, deve ter entrado no rol do fabulário fantástico. Marcada estava, entretanto, também para eles, o fim da era do estar no mundo e o início da sofrida era das ponderações. O viajar de uns envolve todos no viajar sem fim.

Longe dos territórios civilizados, a tradição tornara plausível a existência de aparições monstruosas. A essa falácia não escapam os relatos de Colombo, que confirma a existência de sereias. Caminha é mais sensato. Prefere seduzir com as qualidades do texto a despertar interesse com informações que excedem a observação. García Márquez declara o Diário de Colombo a primeira página de realismo maravilhoso. Mais despertos do que os espanhóis, os portugueses resguardaram o Brasil desde o princípio da sedução do fantástico.

O que viu Caminha? Viu o que quis ver. Viu sonhos. Vindos donde? De esperanças antigas, tão antigas como as de Hesíodo. Premido pelas agruras de seu tempo, Hesíodo vê uma terra de paz além das ondas bravias do Oceano. É um sonho em busca de concretização, suprido de pomos de ouro. O que não está em nenhum lugar, concretizou-se em algum lugar, o lugar do desejo. Visto que o lugar dos sonhos não se oferecia na árdua labuta de todos os dias, os gregos o imaginaram longe, além do Oceano e o designaram de Hespérides, Ilhas dos Felizes. A realidade lhes era tão áspera que a rota à região bem-aventurada só poderia ser aberta por homens excepcionais, heróis da estatura de Perseu, que encontrou no caminho monstros como Medusa com poderes de transformar em pedra o corpo que caísse debaixo de seu olhar. Além do triunfador sobre a Górgona dos cabelos de serpente, ganharam renome Ulisses e Hércules na luta contra adversidades superiores em muito a recursos normais. Não se podem destruir hidras de sete cabeças, não se podem vencer águas em que rochas moventes espatifam navios, sem esclarecida razão, sem o amparo dos deuses. A cada vitória, os heróis ampliavam o espaço da civilização, e as Ilhas dos Felizes recuavam, tangidas pela conquista, para além da linha sedutora em que se afunda a face inflamada do sol.

Entre os povos cristianizados, o sonho de uma terra sem dor emaranhou-se com a esperança de achar o paraíso, primeira morada do primeiro casal humano. Corria a lenda do monge irlandês São Brandão, que teria levado sete anos para chegar ao paraíso terrestre, depois de vencer perigos fabulosos. A *Viagem de Ultramar* de John Mandeville, misturando ficção e fatos, conduzia ao sonhado destino. Sem derivar para o sobrenatural, o *Livro das Maravilhas* de Marco Polo seduzia com um Oriente de riquezas prodigiosas. Percorria a Europa já há três séculos a lenda do decantado Preste João, soberano admirável, monarca nas Índias, agraciadas com um dos rios do paraíso terrestre, rei cristão riquíssimo, desejoso, segundo uma carta apócrifa endereçada ao rei bizantino, de unir-se às cruzadas ocidentais para libertar os lugares santos da lei maometana.

Animados pela ciência e pela fé, navegadores se fizeram ao mar alto. A tipografia, invenção recente, misturava na mesa dos estudiosos tratados científicos, relatos imaginosos e livros devocionais. A carta de Cristóvão Colombo aos reis católicos, ao detalhar as descobertas da terceira viagem

(1498-1500), é eloqüente. Ares amenos, nativos inocentemente despidos e pacíficos, vegetação abundante, metais preciosos, eram-lhe indícios inequívocos da proximidade do Éden bíblico. Tanto o anseio de um acesso fácil às soberbas riquezas do Oriente como o empenho de vencer as agruras da vida lançaram os aventureiros ao mar. Anos de contato com as recém-descobertas terras da América Central não foram suficientes para extinguir a ilusão em Colombo de que o paraíso terrestre estava escondido em algum território banhado de águas mornas. O almirante andava tão convencido de que as naus o tinham levado às portas do paraíso que chegou a imaginar a terra em forma de pêra, escondendo no topo a região encantada. Não é diferente a informação sobre o paraíso terrestre registrada na Bíblia medieval portuguesa em fins do século XIV:

> Este paraiso fez Deus eno Ouriente, e hé hũu logar mui deleitoso, e hé mui alongado (afastado) per mar, e per terra, e mui apartado da morada dos homẽes, e hé tam alto, que chega ataa a redondeza da lũa em tal guisa, que as auguas do deluvio nom chegaram a ele.
>
> [Capítulo X]

Levado pelo sonho, Cabral permitiu que a frota sob seu comando se afastasse da costa africana. Os conhecimentos náuticos avolumados ao longo do século XV eram suficientes para orientar os navegadores com segurança nos salgados caminhos do mar. O sonho, mais atrativo que a ciência, mais forte que o sopro do vento, não deteve as velas alinhadas na rota do sol. Não sonhava apenas Cabral, sonhava também o rei que o nomeara capitão, sonhavam os portugueses, povo messiânico incumbido de levar para terras estranhas a cruz de Cristo. A força unida de muitos sonhadores empurrou a frota de Cabral mar adentro contra a propalada alegação de que rumava só com fins comerciais para a Índia pela via divulgada. A aproximação da carta de Caminha aos documentos de Colombo fortalece essa suposição. As semelhanças não são apenas devidas à natureza do objeto mas também ao espaço cultural de que ambos partiram. Ambos declaram inocentes e pacíficos os nativos, ambos exaltam a qualidade do clima e a fecundidade do solo, ambos mencionam ouro, embora o território brasileiro retivesse por mais de um século os tesouros em serranias inexploradas.

O sonho contou com o apoio do sucesso das navegações de Espanha. Desde a notícia do achado de 1492, transmitido por acidente aos portugueses em primeira mão, o trono de Lisboa se empenhou em empurrar para oeste a linha que deveria definir territórios portugueses e espanhóis. Se Portugal adiou a travessia do Atlântico, foi porque a rota costeando a África, satisfatoriamente compensadora, prometia lucros ainda maiores se atingisse a Índia. Os resultados da façanha de Vasco da Gama mostraram que o projeto português estava correto. As empresas marítimas de longo curso em fins do século XV, que só traziam despesas a Castela, beneficiaram acima das expectativas os cofres reais de Portugal.

Os descobridores do Novo Mundo vivem na confluência de duas idades: a antiga e a moderna. Os conhecimentos náuticos, os estaleiros e o domínio dos mares os colocam na alvorada dos tempos modernos; os sonhos desenham o crepúsculo dos tempos que se apagam. Os períodos não se sucedem com a nitidez que lhes imprime Foucault. Há confluências, há retenções, há antecipações. Águas de muitas fontes se derramam no mesmo mar. Sonhos antigos como o das Hespíridas, ampliados e modificados, convivem com o avanço científico e técnico. As contradições que marcam os atos dos navegadores exprimem o conflito.

Ainda que levado a atravessar os mares com o sonho do paraíso terrestre, Cabral se detém ao encontrá-lo. A reflexão modera o sonho. Cedesse ao sonho, teria que depor sua condição de civilizado para se tornar silvícola com os silvícolas. Essa hipótese não lhe ocorre em momento algum. Convictamente português e europeu, o descobridor sabe que o paraíso, mesmo que exista, não foi feito para ele. Repete assim o comportamento dos primeiros navegadores ocidentais. Ulisses, mítico explorador do Mediterrâneo, resiste à sedução do paraíso, embora a imortalidade seja o prêmio nas envolventes palavras de Calipso. O rei de Ítaca prefere ao prazer sem fim a luta, o sofrimento, a história. Desde os primeiros contatos, percebe-se a convivência impossível do paraíso e do conquistador. Não se toca no paraíso. Como alterar o que já é perfeito? Os planos de cultivar a terra, de converter os índios e de submetê-los ao trabalho não considera a bem-aventurança estática em que o habitante da nova terra adormeceu. As providências recomendadas ao rei desencadeiam o movimento, provocando a passagem da pré-história à história. O paraíso pertence a outro tempo. Ainda que a aparição utópica incrimine costumes europeus, não se pensa em reconduzir a agitação portuguesa ao imobilismo dessa utopia. Perdido como a infância, o paraíso terrestre poderá sobreviver como saudosa lembrança. A idéia de que sociedades periféricas pertencem a uma idade separada é acolhida até por antropólogos. Lévi-Bruhl distingue ainda no princípio deste século mentalidade pré-lógica e idade lógica. Lévi-Stauss se embrenhou na floresta brasileira em meados deste século, encontrando situações semelhantes às de Caminha: nativos que viam homens brancos pela primeira vez. Como se vê, a visão de Caminha, avançando para além de Rousseau, vem até nossos dias. Derrida indigita com justiça as fantasias do antropólogo.

O não-lugar arma-se em crítica ao lugar habitado pelos europeus já na correspondência de Caminha e Américo Vespúcio. Em ambos, a ausência de governo contrasta a centralização do poder; a ausência de religião, a disciplina eclesiástica; a ausência de pudor, o cuidado com que se esconde o corpo; a amizade, a competição desenfreada. Mesmo na correspondência de Américo, as semelhanças devem-se não só ao visto mas também a quem viu. Comum é o desejo de reformar a Europa, comum é o código que orienta quem escreve.

Dos três, Colombo, Vespúcio e Caminha, Colombo é o que mostra maior apego ao passado: crê fervorosamente no paraíso terrestre e imagina pisar terras governadas pelo Grande Cã. Na correspondência de Caminha e Vespúcio não se alude ao sonhado imperador e abranda-se o fervor da visão do paraíso. A vigilância crítica é nesses dois bem mais acentuada. Não é sem motivo que Thomas Morus eleja como fonte da *Utopia* um navegador português, Rafael Hitloteu, pretenso auxiliar de Américo Vespúcio. Vespúcio aproxima-se de Caminha ao alegar que em duas de suas expedições esteve a serviço de D. Manuel, o mesmo que organizou a frota de Cabral. Na carta, Vespúcio descreve a terra visitada por Caminha.

Morus muda a fisionomia dos canibais denegridos pela literatura jesuítica, visto que em meio a instituições reprováveis têm "leis capazes de esclarecer e regenerar as cidades, nações e reinos da velha Europa". Através de Rafael, Morus contesta as guerras de conquista, a intolerância religiosa, a pena de morte, a nobreza ociosa, o desemprego, a injusta distribuição das terras, lucros excessivos, o luxo, o sistema educacional, a concentração das riquezas, a desproporção entre o crime e a sentença, trabalho penoso e escravo, governo despótico.

Montaigne obtém informações do mesmo território freqüentado por Caminha através da *França Antártica* de Vilegagnon. Como Caminha, Montaigne valoriza o ver contra o parecer. Encanta-o a sociedade que subsiste com poucos artifícios numa região sem comércio, sem literatura, sem matemáticas. Os canibais de Montaigne vivem ociosos e passam o dia a dançar. Sacerdotes não lhes determinam o comportamento. A moral resume-se à valentia e ao afeto. Não conhecendo guerras de conquista, vivem fraternalmente. Quanto ao canibalismo, sentencia: é mais bárbaro comer um homem vivo do que devorá-lo depois de morto.

A crítica renovadora floresce no espaço que se abre entre o centro e a periferia, entre o lugar e o não-lugar.

O missivista desloca-se em poucas linhas sobre a longa travessia do Oceano e se detém com saborosos detalhes nos rápidos contatos com os nativos. Não há motivo para narrar peripécias da viagem. Caminha sublinha o triunfo. Mais lhe importa contemplar o paraíso achado do que demorar-se em dificuldades de chegar. Os interesses econômicos da descoberta insinuam-se bem dosados na caracterização do pitoresco.

Três propósitos assinalam os navegadores ibéricos: a busca do paraíso terrestre, a implantação da cruz de Cristo e a posse. Cabral, ao primeiro contato com a nova terra, dá nomes cristãos e portugueses aos acidentes geográficos, não indagando sobre designações nativas de eventuais senhores das terras. O ato requer atenção a dois processos sintáticos: a *parataxe* (coordenação) e a *hipotaxe* (subordinação). O termo "hipotaxe", sem uso gramatical na Antiguidade, vem das áreas administrativa e militar e se deriva do verbo *hypotasso*, que significa submeter, pôr sob a proteção de, alinhar atrás de. De origem militar é também o substantivo parataxe. *Parataxis* significa organizar as linhas de combate uma ao lado da outra. O que hoje chamamos de coordenação ou parataxe, Aristóteles designava de *lexis eiromene* (linguagem falada) e o que classificamos como subordinação ou hipotasse foi por ele apontado como *lexis katestramene* (linguagem subordinada ou construída em períodos). O filósofo, no livro terceiro da *Retórica* (Ret. 1409a), desenvolve, em poucas linhas prenhes de sugestões, os dois processos. Aristóteles prefere a subordinação porque o período conduzido por ela chega a um fim; os limites são claros. A coordenação, própria da linguagem falada, perdendo-se no ilimitado, não apresenta princípio ou fim definidos, não sendo, por isso, adequada ao pensamento rigoroso.

A nomeação indica a posse. As regiões nomeadas entram na esfera da língua portuguesa, da cultura européia, do império marítimo em formação. Sem ouvir nativos, os portugueses chamaram Pascoal o monte desenhado na linha do horizonte e Vera Cruz a terra que se erguia do mar. Terra e monte foram eleitos para monumentos da morte e da ressurreição de Cristo, festejadas à época do descobrimento. Os nomes atraíam os indígenas para novo tempo e novo espaço, mesmo antes de terem sido vistos. A nomeação é agressão. Agressão suave, mas agressão, cuidadosamente conduzida até o triunfo da língua portuguesa sobre falares autóctones em meados do século XVIII. Enquanto o dominador impunha a língua portuguesa em documentos oficiais, as línguas nativas retrocediam aos ambientes familiares onde pereciam com os mais velhos. A estada de Cabral no Brasil por alguns dias contrasta com a exploração demorada que reteve Colombo nas ilhas do Caribe. Mas quanto à nomeação a atitude é a mesma. Falta tempo a Cabral e a sua equipe para aprenderem topônimos indígenas. No entanto, mesmo que seus ouvidos se tivessem acostumado aos sons exóticos, a troca de nomes seria fatal. A retórica dos descobridores hostiliza o barbarismo, ainda que o substituto castiço prejudique a inteligibilidade. Não se conhece a reação dos indígenas ante as vozes que ouviam pela primeira vez. Certo é que não adivinhavam que os estranhos os privavam da liberdade, e lhes assinavam a pena de morte. A negação das culturas periféricas não trazia escrúpulos ao europeu renascentista. Tão certo de sua grandeza estava, tão seguro dos favores divinos que esmagava ostensivamente o que se opunha ao seu domínio.

O ritual da troca de nomes não opera sempre a renovação da existência, nem satisfaz sem reservas as exigências da poeticidade. Inaugura aqui nova idade sem anunciar univocamente florescimento, vida – marcas da *poiesis*. O nomear, recurso do *poiein*, denuncia, por vezes, estratégias da destruição. Retenha-se a duplicidade do nomear para não incorrer em comprometedora simplificação. Os nomes de Cabral e de seu idioma serão ressemantizados. A língua dos conquistadores reclamará naturalização. Os falantes da nova terra sentirão familiar a língua adotada a ponto de se moverem nela como sua. Isso acontecerá, entretanto, em outro tempo e outras circunstâncias. Estamos no início do estágio em que a presença de homens vindos do mar empobrece, humilha e escraviza populações livres. O novo visto e antevisto pelo conquistador veste a máscara do obscurantismo, da tirania, do aniquilamento na ótica do conquistado. O Brasil é desde o primeiro momento país do futuro.

 A frota portuguesa avizinha-se das terras descobertas com o vigor da retórica subordinativa. Mares, territórios e homens apenas tocados, apenas vistos, são intimados a reconhecer a hegemonia portuguesa. A frota comandada por Cabral, que partiu de Portugal com treze navios, era a mais bem equipada, a mais imponente na história das navegações modernas. Manuel I quis confirmar com ela o seu domínio sobre os mares. Coordenação praticava-se entre Estados independentes na Europa. Viagens pelo continente europeu, cada vez mais freqüentes, ampliavam o campo da visão, toleravam a presença de iguais. As forças que no pensamento e na arte romperiam, em breve, a unidade européia já se armavam. Quando estes mesmos europeus atravessavam os mares, não cessavam os atos tendentes a submeter o desconhecido aos padrões da civilizada Europa. O Tratado de Tordesilhas e tratados subseqüentes impunham limites europeus aos territórios que se dispunham parataticamente antes da visita das naus ibéricas. Já na confecção de mapas, os primitivos habitantes da América eram arrastados da oralidade sem limites para as circunscrições da escrita. Aprenderam na perda da liberdade, no sofrimento, o rigor da sintaxe subordinativa, petrificada em monumento na arquitetura barroca.

 Subordinante é a atitude do capitão-mor da esquadra portuguesa no primeiro contato com os nativos. Chega às raias do grotesco vê-lo assentado num trono, bem vestido, com uma medalha de ouro ao pescoço, rodeado de seus dignitários em plano inferior, para receber homens nus. Caminha, acentuando a ostentação teatral, reflexo do faustoso exibicionismo das cortes européias, flagra a personalidade do almirante, membro de uma das mais poderosas famílias da época, casado que estava com D. Isabel de Castro, neta de reis. A oposição requinte/barbárie marcará a implantação da cultura portuguesa em território americano. Cabral não conseguiu impressionar, entretanto, os silvícolas como pretendia. Entraram no barco sem as esperadas mesuras da requintada sociedade européia. Não só a linguagem dos sons, também a dos gestos obedece a códigos. A cena arquitetada por Cabral materializava um código que aos índios não dizia nada. Gritante é o choque de culturas quando um índio, tomando nas mãos a insígnia de ouro que ornava o peito do descobridor, aponta para a terra, repetindo o gesto ao notar um castiçal de prata. A hilariante resposta nativa à dominadora atitude de Cabral incendeia a cobiça européia. Para os portugueses, aqueles gestos diziam que na terra havia ouro e prata. Não podiam equivocar-se? Visto que os curiosos visitantes viviam ainda na idade da pedra, não classificavam os metais em outra categoria, e aquela medalha entrava no rol das superfícies polidas que sabiam produzir. Caminha é bastante arguto na denúncia do equívoco: "Isto tomavamonos asy polo desejarmos". Colombo não chegou a imaginar que significados atribuídos a sinais pudessem ser produto do desejo. Menos precavido, tomava por verdadeiros os indícios de riqueza. E é de se compreender. Do valor da descoberta dependiam os recursos para novas expedições. Cabral, ao contrário, não exigia do "achamento" lucro imediato. O caminho às Índias estava aberto pelo sul da África e por ele fluíam riquezas. Caminha exalta o clima, o solo, águas abundantes e o tronco robusto dos nativos, condições favoráveis à exploração agrícola, reservada para ocasião propícia. Com a paciência da gente de Cabral contrasta a enfática urgência de Colombo, que chega a justificar a escravização de povos que o acolheram amistosamente para compensar as remessas insuficientes de metais preciosos. Espanhóis e portugueses divergem na expectativa, mas quanto ao desejo de domínio são iguais. Não é com interesse estético que o escrivão de Cabral exalta o corpo dos nativos nem é por simpatia que sublinha a presteza deles em supri-los de água. Robustez e docilidade são virtudes que recomendam povos destinados ao trabalho servil.

Não nos apressemos em denunciar a sede de ouro, condenada com vigor pela ética medieval. O início do século XVI já apresenta uma evoluída economia de mercado. Longe vai a época das trocas diretas. A moeda intermedeia as transações. Capitalistas financiam expedições militares, investigação científica, construção naval, viagens comerciais e exploratórias. Avalie-se o custo de uma frota como a de Cabral com treze navios, mil e quinhentos homens, entre os quais figuravam muitos profissionais contratados para serviços especializados. Sem um cuidadoso cálculo de receita e despesa, os prejuízos poderiam causar muitos danos. O custo elevado das viagens marítimas levou Portugal a sérias dificuldades econômicas antes de se despedir o rendoso século XVI. O interesse por ouro num período altamente competitivo como aquele em que reis deviam fortunas aos bancos está mais do que justificado. O desejo de ouro como meio de construir vida fácil contaminava, como sempre, interesses privados.

Desacertos como o fortalecimento da Inquisição negaram aos portugueses a organização de sistema bancário próprio. As riquezas geradas pelas navegações abarrotaram os cofres de redes estrangeiras. Portugal modernizou-se na aquisição, na ostentação e no gasto, mantendo-se medieval na falta de instituições que recebessem aplicações e multiplicassem o capital. Modernizado pela metade, o pioneiro das grandes navegações sofria a ameaça da ruína já na fase do seu maior desenvolvimento.

Cortés, o conquistador do México, lembra Pedro Álvares na inclinação teatral. Aceita dos nativos o papel de Quetzalcoatl, o deus que parte e que retorna, e como tal o conquistador legitima o domínio sobre o combalido império de Montezuma. Cabral não teve a mesma sorte. A irreverência do índio brasileiro desorganiza o espetáculo. O que foi elaborado para produzir efeito de tragédia degenera em comédia quando o índio se aproxima descortês do navegador e passa a examinar sem constrangimento a medalha que lhe orna o peito. Teremos na atitude desse autóctone a espontânea aversão brasileira à seriedade? Ainda que não seja assim, atitudes que produziram submissão respeitosa no México, viraram comédia no Brasil.

Obedientes aos acenos da gente de Cabral, os homens que se aproximam da praia depõem as armas. A informação é de Caminha. Podemos ter certeza dela? Não espanta que guerreiros se desarmem em presença de barcos gigantescos e de homens estranhos? Informados sobre os costumes dos nossos indígenas, a deposição das armas nos parece menos espantosa. Guerras de conquista não mobilizam tropas entre tupinambás, espalhados de norte a sul pelo litoral brasileiro. A vingança os punha em armas. Como os brancos emergidos do mar não lhes tinham feito nenhum mal nem sofrido afronta dos silvícolas, não havia razão para ataque e defesa. Deve-se a isso o convívio fraterno entre nativos e descobridores durante a primeira semana de mútua observação? Sendo inviável comunicação verbal entre navegadores e nativos, outros signos devem falar. Testa-se o nível civilizacional dos nativos. Reprovados pelas leis da cortesia, quer-se apurar se ao menos atingem o estágio de um modesto camponês de Portugal. O resultado é decepcionante: não reconhecem o carneiro, rejeitam pão, peixe, mel e passas de figos, não sentem atração pelo vinho. Observa Cabral mais adiante: "de que tiro seer jente bestial e de pouco saber e que por ysso sam asy esqujvos". Cabral demora-se no esforço dos portugueses em extrair sinais que desdigam a impressão de bestialidade. Por mais compreensivo que o epistológrafo tente ser, permanece a opinião de que se trata de gente com "pouco saber". Não aventa a hipótese de estarem inseridos em outro saber. A oposição requinte/barbárie marcará a implantação da cultura portuguesa em todas as etapas.

Os portugueses incorrem em muitos equívocos nesses primeiros contatos. A desinteligência não se restringe à fala e aos gestos. Qual era o sentido das pinturas que revestiam o corpo dos silvícolas? Os descobridores estavam longe de imaginar que a finalidade daquelas formas coloridas, resistente ao contato da água, era mais que estética. Escapava-lhes que naquelas linhas estava inscrita hierarquia, função, nacionalidade. Advertidos de que impropriamente restringimos a escrita ao alfabeto, devemos considerar aquelas cores e traços signos de um sistema de escrita pictórica, exigido pela organização social. Se os descobridores viessem menos impressionados com a revolução operada pela imprensa, teriam visto nas epidermes coloridas cartas não traçadas em pergaminho, cartas pintadas na pele viva dos homens. Se tivessem adivinhado a mensagem desses documentos ambulantes, podiam ter revisto o juízo negativo que faziam da civilização estranha.

Depois de muitos enganos, civilizados e nativos descobrem uma linguagem em que se entendem, a dança. Quando Diego Dias de Sacavém entrou acompanhado de um gaiteiro numa roda de dança, esboça-se uma cena de alegria dionisíaca que derruba a barreira das culturas. Sabendo que a dança indígena tem caráter ritual, podemos partilhar da certeza dos navegadores? Poderiam os portugueses imaginar que os passos ritmados tinham significado sagrado ao nível da missa há pouco celebrada? O riso dos índios era de aprovação ou riam da inabilidade de Diego em imitá-los? Culturas diversas se desentendem mesmo em horas de confraternização.

O cipoal semiótico em que se enreda Caminha ao penetrar no mundo estranho não desmerece o propósito de observação exata. Se, depois da leitura de Homero, passarmos os olhos pela carta do escrivão de Cabral, notamos que, quanto ao tempo e ao espaço, o comportamento é bem diferente. Frouxas são em Homero as indicações que não estejam relacionadas ao alvorecer e ao ocaso; certos dias inflamse de episódios, outros registram menos do que poderiam comportar. Os dias se dilatam e se contraem no interesse do narrador. Vale o mesmo para as referências ao espaço. Os gregos ora se encontram tão longe de Tróia que se lhes exige força sobre-humana para atingi-la, ora se movem tão próximos que até as linhas do rosto podem ser reconhecidas do alto da muralha. A carta de Cabral está em outro extremo. Não registra apenas dias e meses, mas também horas e frações de horas: oito horas, nove horas, por volta das dez horas... O rigor na medição do espaço não é menor. Quando a frota se aproxima da costa brasileira, Caminha chega ao requinte de anotar a distância que separa cada uma das naus do litoral. O leitor, seguramente orientado no tempo e no espaço, adquire confiança no que lê. A seleção dos assuntos, a disposição das informações, a escolha do vocabulário, a elaboração dos períodos obedecem ao mesmo rigor. A carta se fecha como um conjunto exato e belo. Cabral nos oferece um documento que traz a medida como marca dos novos tempos. Os índios, familiarizados com o tempo cósmico como os heróis de Homero, entram na idade do cálculo. Quantos são? Quantos seriam? Desde o primeiro momento, Caminha os percebe em grupos de seis, vinte, setenta. O cálculo coopera para sujeitar os que se perdiam no inumerável.

Ficaram dois. De um deles sabe-se o nome. Chamava-se Afonso Ribeiro e fora criado de Dom João Toledo. Condenado pela justiça, foi a pena de morte abrandada com o degredo. Como ignoramos os crimes, não há como avaliar o acerto do castigo. Se estivéssemos melhor informados, seriam ainda considerados criminosos? Naqueles tempos os acusados não tinham acesso ao processo movido contra eles e não contavam com defesa de advogado. Qualidades que dignificam o homem foram reprimidas com tortura e morte. Comportamento contrário aos interesses do rei ou de algum de seus protegidos podia desencadear ódio e punição. Para Michel Foucault, em *Vigiar e Punir*, o delinqüente, antes do século XVIII, foi produto do sistema carcerário. Visto que Caminha espera que os degradados trabalhem pela coroa portuguesa nas terras descobertas, que difundam o evangelho entre os nativos, temos prova de que Afonso Ribeiro e seu companheiro não foram considerados criminosos vulgares nem pelos seus contemporâneos.

A primeira missa ocorreu ao domingo, dia 26 de abril, pela manhã. Dita por Frei Henrique, foi ouvida, ao que pareceu a Caminha, com muita devoção.

O comportamento do missivista não confirma a observação. Que disse o padre? Numa carta em que Caminha se desculpa da prolixidade; quanto ao sermão, ele se mantém reticente. Observa que, muito a propósito, o padre falou sobre a luz. Não é difícil conjeturar que, nas circunstâncias, o sacerdote tenha se demorado na providência divina que, através dos navegadores, iluminou os nativos afundados, sem conhecerem Deus, em trevas. Conjeturas. O brilho dos trópicos atrai o missivista mais do que o sermão. Caminha destaca o que vê. Fala sobre os movimentos do sacerdote, perde-se nos arredores, nas distrações dos índios, finda a parte litúrgica da cerimônia. Que atrativos poderiam oferecer aos índios palavras ditas em língua estranha? Caminha está mais interessado nos folguedos dos índios que, ao som de corno e buzina, dançam antes de se fazerem ao mar em jangadas. O epistológrafo vai ao detalhe de descrever a embarcação, três traves atadas entre si.

A pintura de Vítor Meireles é bem mais enfática do que a prosa chã de Caminha. O pintor eleva a cruz a proporções gigantescas. Do ângulo escolhido, a cruz, subindo ao azul iluminado do céu, domina florestas e homens. Esta versão romântica da missa contradiz o contido equilíbrio renascentista da carta.

A segunda missa foi rezada pelo mesmo Frei Henrique na manhã do dia primeiro de maio, uma sexta-feira, véspera da partida para a Índia, data em que Caminha data e assina a carta. O amigo de D. Manuel torna a exaltar a atitude respeitosa dos índios, destacando-lhes a inocência e a facilidade com que poderão ser cristianizados. Mas a atitude distraída com que Caminha acompanha as circunstâncias em que a cerimônia se realiza é a mesma. Sua atenção fica presa a uma índia que, presenteada com um vestido, não sabe cobrir-se com ele.

Trava-se, na carta, o conflito entre a cultura auditiva medieval e a cultura visual nascente. A visualidade que desponta, base da observação científica, inundará também a arte religiosa.

Embora o termo cultura ainda não exista, invenção do século XVIII que é, a noção de oposição da natureza à cultura e à civilização se esboça como nitidez. Os indígenas (sem governo, sem religião, sem cortesia...) pertencem à natureza. O esforço de impor-lhes hábitos civilizados reitera-se já nos primeiros contatos. Quanto empenho para convencê-los da conveniência de esconderem a nudez! Espera-se que a missa desperte neles sentimentos religiosos. O ruidoso ajuntamento indiático, qualificado de bárbaro, deverá ser emendado por fala ponderada, própria de homens cultivados. Em lugar da manifestação espontânea, a etiqueta.

Ao descrever os índios, Caminha observa que "nhuũ deles nõ era fanado (circuncidado) mas todos asy coma nós". O "como nós" é expressivo, visto que a circuncisão abria barreiras. Cincuncisos apresentavam-se judeus e árabes, culturas repelidas e combatidas. A ausência de circuncisão nos moradores das terras descobertas franqueava acesso negado a povos com os quais os portugueses conviviam na Europa.

Acontece que a circuncisão não se restringe à incisão feita no membro viril. A Bíblia fala em circuncisão dos ouvidos, dos lábios e do coração. Atento ao corpo dos silvícolas, Caminha, reticente nas informações sobre a natureza, oferece de um botocudo descrição exemplar. Semelhanças e diferenças com os europeus orientam a descrição. Os traços dos descobridores figuram como padrão de perfeição. "Bons" são os rostos e os narizes por não se distanciarem do modelo. A tez escura não merece apreço. Mais do que características naturais, chama atenção a "circuncisão" dos lábios. A diferença naqueles tempos ergue embaraços à comunicação. O osso introduzido no lábio inferior não afasta menos do que os sons que soam bárbaros aos ouvidos dos portugueses. Observa Caminha que o adereço introduzido no lábio não prejudicava o falar, o comer e o beber. Na verdade, falar comer e beber colocam-se na mesma categoria do osso, marcas da cultura com que não se podia conviver. A circuncisão, que deveria ser o lugar de passagem, ponto em que povos se encontram para confraternizar, excluía.

Vendo os índios, os navegadores começam a reconhecer sua própria limitação (castração): comparadas às índias, as européias se envergonhariam de si mesmas, a amizade dos índios é mais sincera que a dos portugueses.

Embora as deficiências se anunciem, os portugueses se têm como nação central. Só quando perdemos a ilusão da centralidade, reconhecemos as marcas que nos colocam ao nível dos outros, diferenciando-nos. Só então nossas circuncisões, reconhecidas e expostas, abrirão sendas que aproximem.

A ciência munira os navegadores de instrumentos para atravessar os mares, mas para vencer barreiras culturais ainda não existiam aparelhos da mesma precisão.

Minucioso na caracterização e no comportamento da estranha gente, Caminha torna-se reticente e incorreto quando anota observações sobre flora e fauna ("ervas compridas, chamadas botelhos pelos mareantes", "rabo-de-asno", "grandes arvoredos", "muitas palmeiras, não muito altas, de muitos bons palmitos", "papagaios", "pombas seixas"). Iguala-se nisso a Colombo. Entre os motivos da imprecisão está o estágio precário em que se encontra a zoologia e a botânica na virada do século em contraste à ênfase dada ao homem nos ensaios e nas artes. Os pintores do século XV retratam a eminência dos caracteres humanos sobre um fundo em que plantas e animais, quando presentes, comparecem inexpressivos e diminutos. A poesia bucólica, que ambienta conflitos sentimentais e paisagem campestre não se desprende de estereótipos copiados de Virgílio. A épica medieval, ainda lida, precisa ao caracterizar trajes e armas, não se demora na descrição da paisagem.

Na Itália já sopram outros ares. São Francisco de Assis dirige saudações amigas à natureza desdemonizada. Dante vê o brilho trêmulo nos movimentos do mar e ouve o rugir da tempestade na floresta. Petrarca emociona-se ao escalar um monte. A pintura flamenga de Hubert e Jan van Eyck representa, na entrada do XV, paisagens de interesse pictórico autônomo. Mas levará algum tempo até que essas experiências, ainda isoladas e indecisas, se generalizem. Destacando o homem em detrimento da natureza, Caminha se comporta como representante do seu tempo.

A natureza comparece, mas subordinada ao homem. Caminha, que passa em silêncio o comportamento do mar durante a travessia, alude a ele quando Nicolau Coelho procura comunicar-se com os indígenas. Observa que "o grande estrondo das ondas que quebravam na praia" dificultava a inteligibilidade dos sons emitidos pelos índios. O mar é lembrado, não pela beleza do espetáculo, mas como empecilho às intenções de comunicação. Vento e chuva são lembrados quando castigam as naus. À natureza se recorre como índice de informações sobre a presença de terra, de riquezas, de possibilidades de exploração. Para a natureza fora dessa subordinação não há vista.

Os índios resistiram atiladamente à infiltração dos estranhos. E com razão. As conseqüências da espionagem nos conta o triste fim do império asteca, esmagado por um punhado de aventureiros comandados por Cortés. Caminha não diz nada sobre os sentimentos dos degredados. De como não é cômoda a posição de quem se sente rejeitado por culturas antagônicas nos falam *Martin Fierro*, o poema de Hernández e o romance de *Maíra* de Darcy Ribeiro. Indícios desse conflito, que atravessa os séculos, temos no primeiro contato de portugueses com nativos.

Para dois grumetes, recrutados, ao que tudo indica, à força, a floresta oferecia mais atrativos do que os trabalhos na gloriosa frota de Cabral. Fugiram para não mais voltar.

Ao fim de uma tradição milenar, em que a memória coletiva dos indígenas se desfazia em som, eles ingressam na literatura escrita sem terem consciência da passagem para avaliar-lhe a importância.

Outro é o comportamento do chefe nhambiquara, visitado no fim da primeira metade do século por Lévi-Strauss. Segundo o depoimento do antropólogo, os nhambiquaras, perdidos no fundo da floresta amazônica, diferenciam-se pouco dos índios encontrados por Caminha. Muitos deles viam brancos pela primeira vez. Lévi-Strauss registra o comportamento do chefe que, para fazer-se respeitar pelos seus subordinados, finge anotar numa caderneta os objetos que estavam sendo trocados. Lévi-Strauss deduz daí que a escrita é instrumento de dominação. Derrida, ao discutir as deduções de Lévi-Strauss, observa corretamente que a escrita só serve à dominação quando privilégio de alguns, ao passo que favorece a libertação quando generalizada. Surpreende que a concepção da pureza edênica dos índios acalentada por Caminha ainda afete um investigador atual do porte de Lévi-Strauss. Se os políticos brasileiros fossem sensíveis às conclusões do cientista, as campanhas de alfabetização brasileiras seriam seriamente prejudicadas.

Mário de Andrade elabora uma versão romanceada da escrita exercida para dominar populações analfabetas. Ao estilo de Caminha e de outros descobridores, Macunaíma se põe a escrever às icamiabas (amazonas), súditas ao que pensa, de seu reino imaginário. Dentro das inversões operadas pelo romancista, o mundo descoberto é agora a civilização representada pela cidade de São Paulo. O imperador da "mata virgem", título que o índio se arroga, pasticha o estilo bombástico da cultura que o deslumbra. Macunaíma imita os brancos como o chefe nhambiquara. E sua carta revela o mesmo caráter jocoso de imitação falida. Os muitos erros que comete ao se exprimir numa linguagem que não é a sua denunciam assimilação canhestra duma escrita estranha para se fazer passar por aquilo que ele não é. Mário de Andrade denuncia no ridículo comportamento de Macunaíma uma camada da intelectualidade brasileira que, para se fazer respeitada, continua a reverenciar gramática e dicionário dos antigos dominadores. Afrontando preceitos de pureza lingüística, Mário de Andrade escreve na incorreta linguagem que se ouve nas cidades e no interior brasileiros.

Outro que volta a Caminha é Oswald de Andrade. Volta para demolir. Examinemos a primeira página de *História do Brasil*.

E asy segujmos nosso caminho per este mar de lomgo ataa terça feira de oitavas de pascoa
......
E aa quarta feira segujnte pola manhã topamos aves que chamã fura buchos e neeste dia e ora de bespera ouvrmod vjsta de terra
......

PERO VAZ DE CAMINHA

A Descoberta

Seguimos nosso caminho por este mar de longo
Até a oitava da Páscoa
Topamos aves
E houvemos vista da terra

Os Selvagens

Mostraram-lhes uma galinha
Quase haviam medo dela
E não queriam pôr a mão
E depois a tomaram como espantados

Primeiro Chá

Depois de dançarem
Diogo Dias
Fez o salto real

As Meninas da Gare

Eram três ou quatro moças bem moças e bem gentis
Com cabelos mui pretos pelas espáduas
E suas vergonhas tão altas e tão saradinhas
Que de nós as muito bem olharmos
Não tínhamos nenhuma vergonha

As passagens visitadas por Oswald são estas:

mostraranlhes uma galinha casy aviam medo dela e no lhe queriam poer a mão e depois aa tomaram coma espantados.

....

aly amdavam entre eles tres ou quatro moças bem moças ebem jentijs com cabelos mujto pretos conprjdos pelas espadoas e suas vergonhas tam altas e tã çaradinhas e tam limpas das cabeleiras que as nos mujto bem olharmos nõ tijnhamos nhuuma vergonha.

....

pasouse emtam aalem do rrio Diego Dijz alxe que foi de Sacavens que he homẽ gracioso e de prazer e levou comsigo huũ gayteiro noso cõ sua gaita e meteose cõ eles a dançar tomandoos pelas mãos e eles folgavam e rriam e amdavam cõ ele muy bem ao soõ da gaita. despois de dançarem fezlhe aly amdando no chão mujtas voltas ligeiras e salto rreal

Recorrendo à montagem, Oswald desarticula a seqüência cronológica observada por Caminha na elaboração da carta. O texto, livre de vínculos rigorosos com o referente, favorece, na rápida justaposição de conjuntos distantes, reflexões que a mera observação dos fatos desencoraja.

A colagem oswaldiana, feita com citações mutiladas agride os preceitos da poesia e da retórica vigentes. Contra o período bem construído, o fragmento; contra o verso sonoro, a linha sem adorno.

Oswald devora antropofagicamente o Brasil do passado e o apresenta reelaborado; devoração e reelaboração semióticas, intertextuais, em que a narrativa histórica se metamorfoseia em achado poético, conduzida pelo acaso como o alegado achamento da Terra de Vera Cruz. O requinte parnasiano vira singeleza, a tristeza cede à alegria, a seriedade importada é banida pela festa.

Oswald alcança a atualização do texto antigo com a inserção dos títulos que encabeçam os trechos destacados.

Tendo na lembrança a chave de ouro parnasiana, Oswald inverte a seqüência dos dois episódios finais. A notícia hilariante deverá encerrar o poema. O tom irônico deixa claro, porém, que se trata de crítica, não de homenagem.

O chá não estava nos hábitos dos homens da renascença. Trazido da Índia e espalhado pelos ingleses, alude ao expansionismo britânico. O que Vaz de Caminha narra como hora de confraternização entre europeus e silvícolas foi, na verdade, artimanha dos dominadores para conquistar a confiança dos incautos. O chá alude à perda da liberdade dos índios aos portugueses e destes aos ingleses. A artimanha da dominação desenvolve-se em cadeia.

Oswald de Andrade expõe na última estrofe a verdade que Caminha procurou jeitosamente esconder, as mulheres brasileiras prostituídas por visitantes licenciosos. O título "As Meninas da Gare", além de dar um toque erótico ao texto inocente de Caminha, justapõe dois estratos temporais, os séculos XV e XX, a navegação e a estrada de ferro. O que a navegação foi naqueles tempos, a ferrovia é agora: encurtamento das distâncias. O futurismo aplaudia a aceleração da velocidade. Com ela vai-se o estável, em lugar de sólidos vínculos matrimoniais, as ligações rápidas e inconseqüentes de quem passa.

Ao transformar trechos da carta de Caminha em poesia, a data, indispensável à mensagem da carta se apaga. O texto prosaico, transformado em poesia, já não está preso ao tempo rigorosamente marcado. Acompanhando a indecisão do tempo, o espaço torna-se impreciso: praia conota gare, ou qualquer outro lugar de encontros licenciosos, destinatário é o leitor incumbido de completar vazios, de evocar textos antigos e recentes, de completar nexos apenas sugeridos. Com Mário e Oswald, as qualidades literárias da carta de Caminha no início apontadas se desdobram florescentes.

A carta de Pero Vaz de Caminha já foi declarada a certidão de nascimento do Brasil. Embora ingresse tardiamente na memória nacional, esquecida por séculos em arquivos de documentos oficiais, ignorá-la abriria um buraco em nossa consciência histórica. A carta faz o Brasil nascer. Sem a carta, o Brasil não teria sido o que foi. A carta lhe deu personalidade, caráter. Ilumina os poucos quilômetros percorridos, traça os primeiros contornos depois de milênios de vozes que se perderam no silêncio azul das tardes tropicais. O retrato da carta não é o definitivo tampouco se configura como texto invalidado por outros textos. A verdade não está em texto nenhum. O perfil, sempre provisório, se faz e se desfaz no desfilar dos textos. Pode-se dispor os textos cronologicamente, pode-se arranjá-los sincronicamente, ordem alguma os desautoriza. Não se trata de evolução, de formação. Por que solicitar progresso a transições?

3

CORRESPONDÊNCIA NO TERRITÓRIO DA CONQUISTA

O espaço afeta a sociedade brasileira desde o princípio. Não se transplantaram para cá comunidades inteiras como ocorreu nos Estados Unidos. Recebemos fragmentos: soldados, padres, artesãos, aventureiros, sentenciados... Homens cruzavam os mares, as mulheres ficavam, viúvas de homens vivos. Terra de antropófagos, de feras, de insetos, de doenças, combates, trabalhos e morte não eram ambiente para instalar entes amados. Para as necessidades urgentes havia as índias, abundantes e fáceis – doadas, compradas, escravizadas. Algumas, cristianizadas e batizadas, ingressavam nos costumes europeus como diligentes donas de casa. Houve quem caísse na exuberância tropical de corpo e alma. Famílias cresciam ao acaso, férteis, sem limites. Filhos de brancos se perdiam na floresta como sementes jogadas ao Deus dará, absorvidos pela selvajaria, pela antropofagia. João Ramalho ficou nos registros e na memória como representante da dissolução. Para consolo das almas pias, havia cristãos de cepa, Diogo Álvares Correia era exemplo, vivia convictamente católico entre gentios: muitos filhos como requeria o seu papel de povoador e de patriarca, mas uma só mulher; Diogo Álvares, amparo dos cristãos, fossem eles portugueses, espanhóis, franceses ou ingleses. Socorreu muitos. Os índios o estimavam, temiam-no e lhe obedeciam. O recôncavo baiano esboçou a construção de uma sociedade cristã, elegendo Diogo Álvares, herói idealizado, como protagonista.

Família, Igreja e Estado não protegiam os pioneiros. Os casados, tendo deixado mulher e filhos, sonhavam com o retorno. Como se vê, o nascente estado brasileiro não foi europeu nem nos primeiros anos da conquista. Troca de ambiente ou de situação atingem a personalidade, sendo alternativas rompimento ou reorientação. Os textos produzidos por europeus aqui foram afetados desde as primeiras páginas pelas características peculiares do novo ambiente. A correspondência de Manuel da Nóbrega o mostra bem. Caminha podia projetar o código paradisíaco sobre homens, ares, águas, árvores e rios sem que o objeto o modificasse, por ser epidérmico o contato com a nova terra. Outra era situação de Nóbrega, que veio para missionar. O código paradisíaco, se o trouxe, desfez-se em poucos dias. Os índios que o padre chegou a conhecer não se pareciam nada com os de Caminha. Como aproximar do paraíso antropófagos e polígamos? A própria nudez lhe causava repulsa. O código que norteava Nóbrega não era feito de fantasias medievais. Jesuíta que era, atravessou o mar com uma teologia ideada para trazer o mundo ao seio da Igreja. A visão teológica do seguidor de Loyola degradou o índio no primeiro relance. A antropofagia, cuja legitimidade os tupinambás não questionavam, os precipitou, vistos pelo conquistador, aos estágios inferiores da condição humana. Se os índios idealizaram os brancos, tiveram o rebaixamento como resposta. Foi com o conceito negativo da Igreja que os índios passaram a conviver.

A unidade, sustentada no Ocidente pelo cristianismo medieval, sofre abalos no território da conquista. Entenda-se o impacto produzido pelos tupinambás no sistema classificatório dos europeus. Não se tratava apenas de reconhecer o outro como outro; antes de reconhecê-lo como outro era-lhes necessário constituí-lo como outro. Os índios ofendiam regras fundamentais da condição humana, na ótica européia. Alimentar-se dos músculos nobres do homem, não cobrir o corpo e multiplicar uniões matrimoniais configurava, no seu conjunto, o animal. Esse retrato bestial era completado por outras notas. Os europeus conheciam duas formas de religião: o monoteísmo e o politeísmo, ambas cultuavam o divino em forma humana. Como reconhecer religião em sociedades que não ostentavam altares, nem cultuavam imagens? Faltando-lhes a figura de um rei e sem juízes, podia-se dizer que tinham governo? O nomadismo não lhes permitia construir cidades nem desenvolver agricultura ou pecuária. Some-se tudo isto: antropofagia, poligamia, nudez, falta de governo, falta de religião, falta de agricultura, falta de pecuária, falta de cidades. Seres que viviam assim podiam ser classificados como homens? Antropólogos elegem ainda hoje regras matrimoniais e religião como critério para caracterizar a condição humana de sociedades. Lévi-Strauss serviu-se delas para descrever civilizações ditas primitivas. Como a antropologia ainda não tinha sido inventada, os europeus do século XVI se orientaram por teólogos e filósofos. Aristóteles tinha dito que o ser que não vivesse em cidades era um deus ou um animal; nunca, um homem. Os europeus tinham que situar os índios num desses extremos ou em alguma posição intermediária. A imagem angelical que Pero Vaz de Caminha projetara sobre os nativos avizinhava-os do paraíso, de Deus; o bispo da Bahia, D. Pedro Fernandes, horrorizado com o que viu considerou-os animais. Observa Nóbrega:

[...] mui zeloso da reforma dos costumes dos cristãos, mas quanto ao gentio e sua salvação se dava pouco, porque não se tinha por seu Bispo, e eles lhe pareciam incapazes de toda doutrina por sua bruteza e bestialidade, nem os tinha por ovelhas de seu curral, nem que Cristo Nosso Senhor se dignaria de as ter por tais [...] [p. 193].

Contra o bispo e contra muitos que os tomavam por cães, Nóbrega estava persuadido da condição humana deles. A nudez escandalosa e a brutalidade do hábito de deglutirem carne humana não abalaram as suas convicções. A experiência lhe ensinou que a imagem de inocência com que Pedro Álvares os revestiu era ilusão. Entendia que o homem colocado por Deus no paraíso estava num estágio bem mais elevado.

Assegurada condição humana ao índio, Nóbrega insere o europeu em nova classificação. Usual era comparar o homem moderno com o homem antigo como o fez Camões em *Os Lusíadas*. Impõe-se agora a oposição civilizado-não-civilizado, europeu-índio. O europeu terá que incorporar essa nova medida. Não se trata só de classificação. A questão é: como tratar os seres periféricos? Desumanizados e incorporados à natureza, ninguém os salva da destruição.

Enquanto trabalha, Nóbrega medita. Medita e escreve a autoridades eclesiásticas e civis na Europa. Não são muitas as pessoas com que possa conversar. As muitas tarefas dividem os padres. As obrigações dos poucos administradores, soldados e artesãos não são menores. Nos períodos não dedicados aos outros, Nóbrega escreve. Escrever é-lhe um modo de ordenar a turbulência dos fatos, exprimir as dúvidas, as angústias e refletir sobre elas. O cotidiano o afasta dos que, sentados em gabinetes, idealizam os selvagens. Colocado entre a rigidez do dogma e a realidade complexa, Nóbrega é levado a rever, a transigir, a consultar. As cartas dão-lhe a oportunidade de acompanhar a mobilidade da vida. Ao contrário da visão rígida, simplificada, estereotipada de Caminha, Nóbrega produz um discurso inquieto, indagativo, dramático. A distância dos pólos de decisão e a complexidade do vivido fazem nascer a dúvida, que chegará em Machado de Assis ao seu pleno desenvolvimento. Como idealizar homens que têm por corretas aberrações inomináveis e em cujas mentes a imagem de Deus não se configurou, faltando-lhes até nome para o criador do céu e da terra? Ainda assim, índios não constituem outra espécie. A isso se opõe o testemunho claro da Escritura; todos descendemos do mesmo casal. A natureza divina do homem não se encontra pura em lugar nenhum, pervertida que foi pelo pecado. Os europeus vivem em estágio superior a estes gentios porque a revelação e séculos de instrução cristã devolveram-lhes parte daquilo que o homem, na queda, perdeu. Situar, entretanto, os índios em tudo num estágio inferior aos brancos, não o satisfaz. Como privilegiar a corrupção branca que o cerca? Até sacerdotes levam vida indigna. À maneira dos utopistas, Nóbrega reconhece que, em certos aspectos, estes índios são melhores do que os europeus. Como não atribuir este melhor à natureza divina implantada neles? Vem-lhe até a idéia de criar redutos só de índios, longe dos brancos, cuja influência considera maléfica. Entre a pureza e a bestialidade, Nóbrega procura um lugar em que lhes possa fazer justiça.

Enfocando o homem na relação com o Ser que o transcende, o discurso se complica. Homens e discursos transcorrem entre os extremos ideais da perfeição e da imperfeição. Sendo a realidade mistura de bem e mal, cabe ao homem de ação chegar a atos adequados a circunstâncias específicas. Em mais de uma carta recomenda o envio de prostitutas ao Novo Continente para suprir a falta de mulheres brancas:

> Parece-me cousa mui conveniente mandar Sua Alteza algumas mulheres que lá têm pouco remédio de casamento a estas partes, ainda que fossem erradas, porque casarão todas mui bem, com tanto que não sejam tais que de todo tenham perdido a vergonha a Deus e ao mundo [p. 80].

Pensa que a presença da mulher branca poderá redimir os colonizadores da dissolução e que o casamento regenerará as decaídas. O abrandamento de normas que regem a conduta para corrigir males situados abala também a rigidez do discurso:

> Como nos haveremos acerca dos gentios que nos vêm a pedirem o batismo, e não têm camisas nem roupas para se vestirem: se, somente por razão de andarem nus, tendo o mais aparelhado, lhes negaremos o batismo e a entrada na igreja, à missa e doutrina; porque parece que andar nu é contra a lei da natura, e, quem a não guarda peca mortal-

mente, e o tal não é capaz de receber Sacramento, e por outra parte eu não sei quando tanto gentio se poderá vestir, pois tantos mil anos andou sempre nu, não negando ser bom persuadir-lhes, e pregar-lhes, que se vistam e metê-los nisto quando puder ser? [p. 142]

Caminha, ao subordinar a realidade vista a padrões previamente elaborados, não permite que o discurso seja afetado pelo referente. Impermeável aos fatos, confirma o texto paradisíaco em que se formara. Na carta escrita por Nóbrega a um de seus professores, o padre mestre Simão, o referente perturba a rigidez dos princípios. O estatuto ético declara que a nudez ofende a lei da natureza e que os incursos na falta caem em pecado mortal. O enunciado absoluto da norma é perturbado por um verbo que expressa dúvida, "parece" e por uma locução adversativa, "por outra parte". Frases declarativas se fazem interrogativas. O período, truncado em muitos lugares, não obedece aos princípios que regem a sintaxe. Nóbrega, agitado por inquietações cruciais, não o domina.

A dúvida atinge o modo de falar aos índios. Séculos de retórica tinham estabelecido a conduta do orador. Pode-se transigir com o decoro num ambiente em que o discurso persuasivo é acompanhado de golpes no peito? Nóbrega adere à retórica indígena ao contestar as blasfêmias de um feiticeiro. Não argumenta com a lógica aristotélica. Seguindo as regras de persuasão da terra, reúne gente, que aos gritos perturba o adversário. A grita impressionou a ponto de o antagonista pedir o batismo (p. 95).

O novo espaço questiona o que na Europa é inquestionável. A alteração do espaço faz do monólogo diálogo. Entra em gestação um novo discurso. O discurso não é submetido, entretanto, à nova experiência sem exercício anterior. Discussões teológicas tinham tornado o discurso apto a tratar fatos complexos, enfrentados por Nóbrega com suficiente agilidade. Como entender que um bispo zeloso como D. Pedro Fernandes fosse comido pelos índios quando deles fugia, enquanto a ele, Nóbrega, o martírio é negado? Quem foge é apanhado; quem procura não encontra. Como solucionar essas contradições? Firmado em reflexões teológicas, Nóbrega eleva a contradição a Deus. Há em Deus dois sentimentos que se repelem: a misericórdia e a justiça. Para os filósofos gregos a questão era simples, visto que, excluindo a misericórdia (*agape*), fortaleciam a autoridade da justiça (*dike*) na solução de conflitos cósmicos. Não há misericórdia para Édipo, ainda que vida pura figurasse nos seus projetos de vida. Mesmo que tangido ao erro involuntariamente, a contaminação o desgraça. O cristianismo, considerando motivos subjetivos, ostenta brandura; a intenção de fazer o bem atenua a falta. Entendamos a vida e a morte do bispo Fernandes. Sendo zeloso de seu ofício, reformou os costumes; errou, contudo, tratando índios como animais. Verificada a contradição, Nóbrega entende os atos divinos. Como juiz Deus o puniu com morte violenta, como pai misericordioso galardoou o infrator com sacrifício de mártir.

Incertezas afetam o uso do instrumento de comunicação. O projeto de fazer do Brasil um território de língua portuguesa ainda levaria dois séculos para se concretizar. Um modo de ultrapassar a barreira seria adquirir a língua tupi-guarani. Muitos jesuítas o fizeram. Anchieta, chegou a sistematizá-la em gramática e dicionário. Nóbrega preferiu comunicar-se através de intérpretes. Nada se opunha ao emprego de intérpretes na difusão da religião cristã em igrejas e colégios. Mas se os serviços do intérprete fossem solicitados no confessionário, não se quebraria o sigilo confessional? Nóbrega encaminha a dúvida a Coimbra.

E como formular em tupi-guarani idéias estranhas à cultura dos tupinambás? A dificuldade atingia questões centrais. Qual seria na língua dos indígenas o correspondente para Deus? Nóbrega formula o problema assim:

> Esta gentilidade nenhuma cousa adora, nem conhece a Deus; somente aos trovões chama Tupame, que é como quem diz cousa divina. E assim nós não temos outro vocábulo mais conveniente para os trazer ao conhecimento de Deus, que lhe chamar Pai Tupame [p. 99].

> Mas é de grande maravilha haver Deus entregue terra tão boa, tamanho tempo, a gente tão inculta que tão pouco o conhece, porque nenhum Deus têm certo, e qualquer que lhes digam ser Deus o acreditam, regendo-se todos por inclinações e apetites sensuais, que está sempre inclinado ao mal, sem conselho nem prudência [p. 99].

Explicada está a facilidade com que os indígenas aceitam o cristianismo a ponto de solicitarem a doutrina e o batismo. Como não conhecem dogma, os ensinamentos solicitados em nada os comprometem. Viajam nômades no espaço e nas idéias. As histórias da criação, do pecado, do dilúvio e da redenção devem soar-lhes semelhantes a tantas outras que receberam dos seus antepassados. Por que abandonar umas para aceitar outras? Os protagonistas das novas histórias, identificados com heróis civilizadores seus podiam circular nos serões da floresta. Não admira que os padres protelassem o batismo até a hora da morte, decepcionados com tão frágeis adesões. O nomadismo é também coibido na língua. Os missionários prendem a um só conceito um significante móvel como "tupame".

Nóbrega aborda o conceito de cultura, sujeito a tantas divergências. Culto lhe é o homem que vive na luz do Deus da igreja. Culto é quem cultua a Deus. Sendo o caminho reversível, os cultores de Deus são por ele cultivados. Deus lhes confere costumes que os singularizam. Em comparação com os cultivados por Deus, cultos, os demais são incultos, e incultos permanecem enquanto Deus não os ilumina. Se na visão de Cabral em ambiente paradisíaco viviam homens puros, a Nóbrega espanta o fato de em "terra tão boa" viver "gente tão inculta". A missão do padre é corrigir um paradoxo milenar. Definida está a hierarquia. No topo encontram-se Deus, a razão iluminada, as virtudes cristãs, a sociedade européia, cristã. Quem não participa dos privilégios da gente culta cai na categoria do homem inculto. A cultura vem das categorias colocadas no alto, Deus e a razão. Os que vivem sem Deus mostram-se privados de razão, separados de princípios que governem seus atos. A razão se opõe ao corpo, região obscura, desordenada, caótica, diabólica, domínio do mal. Sujeitos ao corpo, os índios vivem na incerteza que os inclina a atos reprováveis. Não se espere "conselho", "prudência" de quem não conta com a direção da razão iluminada.

O europeu revive cisões no espaço da conquista. Convive na Europa com a natureza, domesticada. Encontrando aqui a verdadeira natureza, a selvagem – acrescente-se à natureza o silvícola, a harmonia homem-natureza, alcançada lá, rompe-se.

Nóbrega recebeu a incumbência de plantar a cruz de Cristo nas terras descobertas como privilégio. Ouvir confissões e pregar em alguma das requintadas cortes européias não o seduzia. Dilatar as fronteiras do reino de Cristo afinava mais com sua condição de seguidor e amigo de Loyola. Veio como soldado de Cristo e como tal se uniu a Tomé de Sousa. O padre e o soldado, a cruz e a espada agiam solidários.

A conquista militar vinha acompanhada da organização política. Sem esta, aquela seria ineficaz. Para que a América se tornasse espaço europeu, necessário seria criar uma sociedade européia. Substituir a crença em forças da natureza pela fé no Deus único modificava tudo, a fixidez alijou a mobilidade. Como implantar a fé única, que requer disciplina sistemática desde a infância até a idade adulta, em sociedades que se deslocam? O sedentarismo requerido pela instrução levou à criação de aldeias estáveis. Sem esse sistema também não se concebe a eficácia de um poder central que se apóia em impostos regularmente pagos, em prestação de serviço militar, em fornecimento de funcionários para cargos administrativos, para o exercício da justiça. A conquista exigia tudo: a terra, a fé, os costumes. Nada podia escapar ao controle do conquistador. Nóbrega sentiu a importância do papel que exerce na criação da nova sociedade. Lembrava com respeito o trabalho realizado pelos jesuítas no Paraguai. Não se tratava como na Europa de restaurar a unidade rompida, mas de construir nova unidade feita de um mundo indígena abalado e dos restos de uma sociedade européia em franco processo de dissolução no mar étnico da terra conquistada. Nóbrega, sob as exigências do mundo histórico, o da queda e do pecado, vê-se obrigado a adaptar o modelo abstrato às imposições da realidade experimentada. Do centro à periferia, Nóbrega encontra um mundo excêntrico que não perderá as marcas da excentricidade. Ainda não é a experiência do mundo infinito (evasão do centro previamente ideado) embora seja o arriscado passo nessa direção. Do homem que se defronta com o mundo em movimento requer-se invenção, e Nóbrega inventa. O europeu empenhado em produzir uma sociedade nova competia com o europeu voltado apenas ao lucro, o destruidor, o escravizador. A depredação deste é tamanha que não tem escrúpulos em aniquilar o que os jesuítas construíram. O espírito do bandeirismo, tão pernicioso para o trabalho dos jesuítas, embaraça a construção em todas as capitanias.

De Caminha a Nóbrega, passamos da visão à convivência. A convivência declara os hábitos diferentes hostis aos padrões ideais. A diferença sugere a idéia da redução. Derive-se redução de *reducere* (reconduzir), devolver as criaturas decaídas aos padrões ideais. A redução expõe o conflito. Entre a selvajaria autóctone e a rapinagem da conquista, o educador esboça outra sociedade, vizinha dos sonhos. A utopia migra do papel para o traçado das terras conquistadas. Todos sonham. Uns sonham com uma sociedade operosa, ordeira, feliz, outros sonham com o lucro (logro), todos sonham com o paraíso. Sonhos conflitantes racham a unidade da conquista. No confronto cruento de sonhos opostos morrem os índios. Confundindo os sonhadores, Voltaire, em *Candide*, apresenta a redução como paraíso capitalista.

A conversão submete os indígenas ao Estado. De formação aristotélico-tomista, os jesuítas imaginam as reduções como cidades-Estado ideais. Como tais, importa que sejam governadas por homens que conhecem a verdade – filósofos, para os gregos; padres, para os inacianos. Nessa organização, as normas que regem a comunidade, não procedendo do povo, são autoritariamente impostas. O resultado não é a república, mas o infantilismo.

Adversário notório de Nóbrega é o feiticeiro. Por mais que o padre esteja persuadido de que uma só é a natureza humana, chamem-se os homens portugueses, aimorés, tamoios ou guaranis, o feiticeiro lhe opõe um mundo rebelde. Como se aproximar de um homem que se declara Deus e afirma domínio sobre a natureza? Esclarecedora é a experiência que Nóbrega teve com um feiticeiro de largo prestígio:

> Procurei encontrar-me com um feiticeiro, o maior desta terra, ao qual chamavam todos para os curar em suas enfermidades; e lhe perguntei em virtude de quem fazia ele estas cousas e se tinha comunicação com o Deus que criou o céu e a terra e reinava nos céus ou acaso se comunicava com o demônio que estava no inferno? Respondeu-me com pouca vergonha que ele era Deus e tinha nascido Deus e apresentou-me um a quem havia dado saúde [...] [p. 95].

Entre o homem que se tem por criatura de Deus e o homem que se comporta como senhor da natureza, entre religião e magia não há conciliação. O poder absoluto do índio choca-se com o poder limitado de Nóbrega, submisso ao rei, à Igreja, a Deus. Ao homem religioso o poder é dado. Recordem-se as palavras de Cristo a Pilatos: "Nenhum poder terias, se de cima não te fosse dado". Como submeter quem é senhor do vento, da chuva, da saúde e das messes? É de se esperar que obedeça, que sirva? As qualidades negativas com que Pero Vaz de Caminha descreve os índios (sem governo, sem religião, sem roupa, sem pudor...) cedem lugar a características de uma cultura construída sobre outras bases. Entre o índio e Nóbrega, entre magia e religião abre-se um abismo. Do lado de lá está o domínio do homem sobre a natureza, a palavra poderosa, a falta de medo; do lado de cá está o temor, a adoração, a dúvida, os conflitos de consciência, o pavor da morte, a dependência. Como provocar a passagem de um lado a outro, como produzir a conversão? Quem é ele para me falar assim, pergunta Nóbrega? Como não valem argumentos, Nóbrega recorre à irracionalidade do grito. A grita realiza o que não lograram argumentos, fere o coração do índio, e ferido o índio roga o lenitivo da esperança cristã. A subordinação, atravessando os modos verbais conhecidos (indicativo, subjuntivo, imperativo...), desemboca numa expressão situada além da linguagem articulada. Transcorridos séculos de cultura verbal, o europeu cai na retórica do grito. Ainda que não admitamos a prioridade da magia sobre a religião como o quer Frazer, a diferença entre os dois modos de ser se evidencia. A conversão radical permanecerá como ideal inatingível. Em situações concretas confluem culturas que aparentemente se excluem. Convivemos com a magia não só no ritual de cultos animistas mas também na poesia. Os teóricos da arte poética percebem procedimentos mágicos no cultivo da metáfora, soberana tansformadora dos dados da experiência. Investidos de poderes mágicos, os ficcionistas transgridem ostensivamente os limites impostos pela visão clarividente, ousando estonteantes invenções. A poesia (arte da palavra) sustenta o poder criador contra insistentes tentativas de subordinação, exercício da prosa (instrumento da comunicação). A prosa vigia, legisla, oprime. A poesia inventa, protesta, liberta. Impregnada de poesia, a vigilância do homem religioso se humaniza. Se acompanhamos Lévi-Strauss ao aproximar do feiticeiro o cientista, novo senhor da natureza, temos no laboratório outra sobrevivência da magia.

Depois de lhe roubar a terra, de lhe adulterar a língua, o conquistador tira do índio o seu instrumento de persuasão, o grito. De posse do instrumento, submete seu antigo dono.

O batismo, como rito de iniciação, introduziu o feiticeiro num outro mundo, mundo estranho de que não chega a decifrar os signos. O poder do outro mundo, imponente a ponto de o privar da onipotência, o atraiu sem que fossem dados ao índio os meios para apoderar-se dele. A conversão o privou do domínio sobre as intempéries, sobre as doenças e não lhe ofereceu nada que igualasse a perda. Se antes dirigia, era dirigido agora; se antes mandava, era mandado; se ensinava, era ensinado; sendo rico, tornou-se pobre; reconhecido como sábio, virou ignorante. Nenhum significado anterior significa agora. Sem proteção contra as agressões do mundo, não surpreende que estivesse sujeito à morte.

A conquista tem por meta a subordinação do território e dos homens ao poder central (*coroa*). Para triunfar, a coroa serve-se de instrumentos: soldados e administradores (*espada*), agricultores (*foice*) e padres (*cruz*). Cedo a conquista expõe contradições virulentas. A coroa, voltada ao lucro, oprime a foice com a instituição do *monopólio* da produção agrícola, consentindo aos agricultores minguada margem de lucro. Estes, premidos pelo monopólio, empenham-se em conservar baixo o custo da produção, o que os leva a escravizar a população indígena. Não conceder aos índios estatuto de homens facilita o trabalho de constranger nativos a trabalho servil. Sendo o objetivo da cruz criar uma comunidade de iguais, inevitável mostra-se o choque dela com os interesses do monopólio e da foice a ele subordinada. Por não contar com o apoio da espada, a cruz recorre a um expediente utópico, a criação de uma sociedade indígena protegida das investidas da foice. As reduções assemelham-se à ilha do rei Utopus, inventada por Thomas Morus. Para criá-las, os padres não consultam a vontade dos aldeados, desconsideram os costumes nômades dos indígenas e os submetem a uma vigilância que lhes proíbe até passeios fora da aldeia. A redução, ideada para garantir a felicidade dos protegidos, provoca a apatia, a preguiça, a indiferença, a morte. A foice, interessada em baratear o custo da produção, busca nas aldeias criadas pela cruz mão de obra barata. Agressões cruentas ao trabalho da cruz multiplicam-se no vasto território da conquista, desde o centro da colonização portuguesa até as longínquas margens do Uruguai. A espada, indecisa entre a foice e a cruz, não protege os índios da destruição. Dissensões alojadas no bojo da conquista ferem os objetivos da coroa.

O Estado podia ser concebido na Europa como unidade político-econômico-messiânica. O território da conquista desvenda a fragilidade do pacto. A ambição exige o escravo, negado pela missão. A periferia padece no conflito entre o dominador e o dominado, entre o clérigo e o leigo. De nada valem soluções utópicas como as reduções. A redução sublinha a divisão. Havia modo de reter a visão idealizada de Caminha com a implantação do Estado? O Estado, classialmente organizado, repele a unidade indiferenciada.

Os malefícios provocados pela falta de projeto coerente se propagam. A coroa, tendo varrido do território português os judeus com sua inteligência e seus capitais, não chegou a desenvolver um sistema bancário como a Itália, a Inglaterra, a França, a Holanda. Portugal moderniza-se pela metade. O monopólio leva fortunas a Portugal que na falta de um sistema de poupança e de investimento são gastas na importação de fausto. A irracionalidade condena em poucos anos Portugal e suas colônias à miséria.

Na época em que Nóbrega escreve, a racionalidade renascentista já tinha sido perturbada pela irracionalidade maneirista. Sobre as proporções triunfam as relações ilógicas. Os missionários cristãos apercebem-se num mundo estranho, animalesco, natural, mágico. Fizeram-se realidade no novo mundo as fantasias de Bosch.

Este é o mundo de Nóbrega. Seus conflitos, suas indecisões, suas dúvidas e atos florescem no solo que o sustenta. Não medram aqui ideais renascentistas, este é o cadinho do maneirismo. O discurso da coroa sustenta simultaneamente a evangelização e a matança, a abnegação e o lucro, o espírito e a matéria, a vida e a morte, a liberdade e a escravidão. Não se veja nisso o triunfo do dialogismo; este é o espaço da desagregação.

Apesar da firmeza de suas convicções, não falta a Nóbrega certa melancolia maneirista. Cercado de aberrações e dúvidas, vive distante de Deus, de Portugal e da intelectualidade de Coimbra. O que já era complexo em Portugal complica-se ainda mais na América. A racionalidade aristotélica abre flancos à irracionalidade americana. O discurso persuasivo, ciente das suas limitações, acolhe, contra as regras, a intimidação, o grito. Em lugar da agilidade da razão, a força do braço; o corpo, em lugar do espírito.

* * *

A perspectiva de Vieira é teológica como a de seus antecessores. A coexistência étnica e a organização social ganham, entretanto, relevo ímpar. A informação sobre ambiente e costumes exóticos cedem lugar à discussão de assuntos prementes, apresentando-se as cartas como ágil laboratório de idéias. O índio, o Brasil, a questão judaica e a inquisição são os temas.

A participação do índio na reconquista de Salvador, tomada pelos holandeses, é a primeira imagem sublinhada pelo epistológrafo. Num documento de notável epicidade, heróica é a caraterização do índio (Carta ânua de 1626). Ao contrário dos épicos coloniais, encantados com o poder destruidor das armas de fogo, Vieira exalta os rudimentares apetrechos bélicos dos silvícolas como a peça principal do contra-ataque português. Versado na literatura antiga e moderna, ocorre-lhe a conhecida passagem de Heródoto em que os invasores persas ameaçam obscurecer o sol com a abundância das flechas. Isso efetivamente ocorria, observa Vieira, em resposta a incursões holandesas munidas de moderno equipamento. Desde que recarregar espingardas demorava mais do que disparar flechas, a guerrilha indígena punha em fuga piquetes inimigos. Vale a nota como testemunho da subjetividade na avaliação da estratégia e das armas indígenas. Numa guerra em que proprietários portugueses pactuam com os invasores para salvar os bens, a hostilidade índia aos holandeses recebe enfático destaque. A habilidade índia muda ao sabor das preferências européias.

As cartas mostram percepção crescente dos malefícios da escravização. Vieira anota a presença de escravos indígenas no colégio jesuítico da Bahia. Alarma-o, entretanto, a conquista do território e a captura de índios ao chegar ao Estado do Maranhão, na época, diretamente subordinado à coroa com o Estado do Brasil. Vieira e os jesuítas transigiram, no primeiro momento, com o sistema escravocrata, sem o qual a exploração agrícola seria inviável:

> Os moradores deste novo mundo, que assim se pode chamar, ou são portugueses ou índios naturais da terra. Os índios, uns são gentios que vivem nos sertões, infinitos o número e diversidade de línguas; outros são pela maior parte cristãos, que vivem entre os portugueses. Destes, que vivem entre os portugueses, uns são livres, que estão em suas aldeias; outros são parte livres, parte cativos, que moram com os mesmos portugueses, e os servem em suas casas e lavouras, e sem os quais eles de nenhuma maneira se podem sustentar. [Do Maranhão, a 20.5.1653]

Ante a exigência de mão-de-obra, por que não se optou de imediato pelo trabalho assalariado? Não se transfira para esses princípios condições européias coetâneas ou as nossas de agora. Como pensar em remuneração, não havendo dinheiro e, mesmo que houvesse, não havendo em que gastá-lo? O trabalho artesanal excluía o mercado. A moeda, necessária a uma economia de mercado, não chegava a circular no Brasil, porque tanto mercadores como produtores deixavam na Europa os seus capitais, reservados para o retorno, enquanto se praticava a troca direta aqui. Essa situação era agravada pelo curto mandato de três anos dos governadores, ansiosos por enriquecimento rápido, paga por eles exigida pelo sacrifício de servirem à coroa nestas lonjuras. A carência de moeda atingiu tais extremos que em 1692 Vieira chegou a sugerir a cunhagem de "moeda provincial".

Surpreendidos por circunstâncias do "novo mundo", não previstas pelos tratadistas, Vieira e os demais jesuítas do

Norte resolveram transigir com os cativeiros. Não fariam indagações sobre a existência deles se os proprietários não os declarassem. Entretanto, alarmados com a violência da agressão aos índios, passaram a distinguir cativeiros justos de injustos (p. 107). Consideraram justos os cativeiros constituídos de índios já escravizados antes de passarem ao domínio dos brancos. Cedo se notou, porém, que entre indígenas cativeiro algum se assemelhava ao regime de trabalho servil nas áreas cultivadas pelos conquistadores. Os índios capturados para o sacrifício antropofágico viviam confortavelmente, em liberdade vigiada, alcançando morte honrosa, enquanto que os escravos dos canavieiros morriam ingloriamente nas lavouras ao peso do trabalho.

Vendo a desumanidade com que se tratavam os cativos, Vieira resolve aconselhar o rei D. João IV, amigo seu, a proibir toda sorte de servidão indígena. Para que a agricultura não fosse prejudicada pela medida, reflete sobre a possibilidade de trabalho livre numa sociedade de comutação: tirar os índios da jurisdição dos governadores, confiando-os a ordens religiosas idôneas, instituir procuradores eleitos pelos índios, não subordinados aos governadores; não permitir que se exija dos índios trabalho superior a quatro meses em períodos descontínuos a fim de poderem atender às próprias necessidades e às de suas famílias; criar feiras em que os índios pudessem expor e vender os seus produtos; resgatar os índios cativos; proibir exploração agrícola aos religiosos para não serem induzidos a requerer trabalho indígena.

Com essas propostas, Vieira desenvolve o pensamento político brasileiro. Já não submete, como Nóbrega, dificuldades suas a instâncias no além-mar. Entende que as soluções devem proceder de quem convive diuturnamente com os problemas: "porque os casos que cá ocorrem são grandes, e muitos deles novos e não tratados em livros". A teoria deverá nascer da prática e não o contrário. Fendendo-se a rigidez do pensamento metafísico, reconhece-se o espaço e o momento histórico como modificadores dos princípios. O Brasil deverá gerar o discurso que o norteará. As propostas de Vieira parecem mais democráticas do que as dos idealizadores das missões paraguaias. Embora súdito fiel da coroa portuguesa, Vieira inclina-se decididamente à autonomia do Brasil. Não propõe apenas a instituição de chefes populares livremente eleitos e moeda regional como também a criação de justiça local não inviabilizada pela distância como acontece com processos submetidos a tribunais portugueses. Não admira que diante de tais idéias o pacto celebrado no século anterior entre padres e governadores se rompesse. A cruz, abrindo baterias contra desmandos da foice e da espada, toma o partido dos oprimidos. Ante a pergunta: Quem sou eu para falar assim? Vieira afirma sua autoridade, baseado no saber e na experiência. O diálogo desaloja o monólogo, a parataxe imiscui-se no território da hipotaxe. O rei, ciente dos serviços que o corajoso súdito lhe poderia prestar, em vez de o reprimir, o convoca para serviços diplomáticos em Amsterdã, Paris e Roma. As viagens rendem a Vieira a possibilidade de detectar motivos profundos da debilidade portuguesa. Percebe que a evasão de capitais provocada pela perseguição aos judeus levou ao florescimento potências que disputam vitoriosas territórios conquistados pelas esquadras de Portugal. Com que razão cultivar escrúpulos religiosos que o centro do catolicismo não tem? As repúblicas italianas florescem porque encontram meios de conviver com outra fé. Por que não lhes seguiria Portugal o exemplo? Deve-se atribuir o desenvolvimento espetacular da Holanda ao misterioso castigo de Deus contra país messiânico da Ibéria ou se deverá procurar a razão dos insucessos portugueses em seus próprios desmandos? Convencido dos erros políticos de Portugal, contrariando as medidas dos que pretendiam fazer de Portugal um país impolutamente católico, Vieira propõe que não se recuse a colaboração dos judeus.

> Pergunto a V. Sa. pelo amor de Deus, pelo amor da Fé e pelo amor do Príncipe: Qual é melhor? Judeus declarados, ou judeus ocultos? Judeus que casem com Cristãs-Velhas ou judeus que não casem? Judeus que confessem e comunguem sacrilegamente, ou judeus que não façam sacrilégios? Judeus que afrontem a Nação, ou judeus que a não afrontem? Judeus que enriqueçam Itália, França, Inglaterra e Holanda, ou judeus que enriqueçam Portugal? Judeus que com seus cabedais ajudem os hereges a tomar as conquistas e impedir a propagação da Fé e propagar a heresia, ou judeus que com os mesmos cabedais ajudem as armas do príncipe mais católico a recuperar as mesmas conquistas e dilatar a Fé por todo o Mundo? [De Roma, a 24.10.1971]

Propondo convivência de portugueses e judeus, Vieira concebe a aurora de uma sociedade plural que admita e respeite as diferenças. O pensador que ideou a harmonia de grupos étnicos diversos no Brasil e em Portugal e que sonhou com a autonomia brasileira sem romper os laços da comunidade lusa reconhece a fraqueza da subordinação e a força da coordenação.

A inquisição portuguesa recebeu mal as ousadias de Vieira. Preferiu, lesando os interesses de Portugal, cultivar o discurso da aparência. Em mentalidades barrocas, efeitos de superfície concorriam para revestir inquietações revestidas.

Comprometidos com o obscurantismo, os inquisidores atacaram o inovador em questões periféricas: adesão à astrologia e a profetismo de origem duvidosa. Não foi difícil a Vieira, inteligente como ele só, indigitar a fraqueza das denúncias nem, com o prestígio conquistado na Europa, transferir para Roma o processo onde operavam tribunais menos tacanhos do que os de Portugal. Mas os tempos gloriosos de D. João IV tinham passado. Os sucessores do monarca não foram suficientemente lúcidos para capitalizar a força das idéias de Vieira. Ciente do vigor de seu discurso, Vieira se valeu do alívio de encargos políticos para aprimorar, nos anos que lhe restavam, sermões já escritos.

O Sebastianismo divide-se em duas vertentes. Uma delas sonha com a restauração da glória antiga, sonho que provocou a ruína de Portugal com o desastroso ataque de D. Sebastião ao Norte da África para reconquistar mercados perdidos; a outra empenha-se em construir um Portugal novo. Vieira representa maiusculamente esta segunda. Reflexivamente colocado entre o passado e o futuro, não entende que os princípios herdados devam impedir medidas originais determinadas pelo momento, nem silenciar as promessas do futuro. Sentindo incontornável a pluralidade nascente, afastou-se da empresa de restaurar a unidade perdida. Seduzido pelo futuro, pôs-se a colaborar na construção de outro mundo sem respeitar as ameaças dos que letargicamente se opunham. Não crendo na restauração das finanças sem a colaboração dos que melhor sabiam orientar a política de receitas e despesas, propõe o retorno dos que, vítimas da paixão, foram banidos.

Informa-se dos avanços científicos e os debate. Inventa um Brasil moderno: em lugar de regime escravista, trabalho assalariado, mercado interno protegido da ingerência do monopólio ultramarino.

O barroquismo que o afasta das imposições do observado, acolhendo a inquietação maneirista, o atrai para o fluxo da renovação. As contradições atuantes no Brasil e em Portugal lhe oferecem a substância para a luta da renovação.

As cartas de Vieira não oferecem matéria para olhos sequiosos de exotices. O epistológrafo propõe antes operoso exercício de interlocução. A carta, tirando o destinatário do sossego, requer decisão.

4

EPOPÉIAS DA CONQUISTA

VIRTUDES DE CONQUISTADOR

Nas indecisões do século XVI, Anchieta escreve o primeiro poema épico brasileiro em latim. O português, já reconhecido como língua lírica e teatral, teria que esperar por Camões para atingir epicidade. A preservação do latim se coaduna com o projeto inaciano de restaurar a unidade medieval, abalada pelo fortalecimento das línguas vernáculas nos países protestantes. O latim prolongava ainda o prestígio do império romano, reavivado pelos papas renascentistas. Conivente com o sonho imperialista dos reis portugueses, Camões dirá que com poucas modificações a língua dos lusitanos é a latina. Anchieta, entre o desejo de unidade e a necessidade de comunicar-se, cultiva simultaneamente a língua católica e as falas correntes, português e tupi-guarani. A concorrência do idioma indígena com a língua dos conquistadores só entrará em declínio no século XVIII, quando o ouro de Minas atrairá grandes contingentes de portugueses ao Brasil. Seja latim ou português a língua escolhida, o novo espaço exigirá que o instrumento lingüístico dos conquistadores diga o que até aqui não disse.

Por mais que se procurem semelhanças com Ovídio e Virgílio, a concepção do poema é cristã da primeira à última linha. As "Virtudes"(primeira palavra do poema), que designavam na Antiguidade latina qualidades do herói, são devolvidas agora ao Pai. Cantar as virtudes do Pai e os feitos de Cristo (*tua facta*), através do qual o Criador age no universo, mostra-se o propósito do vate. Anchieta investe Cristo de funções guerreiras desde o segundo verso (*Rex Christe*). Este não é o Cristo sofredor, martirizado na cruz, é o Cristo das cruzadas, que aniquila soberanamente as hostes inimigas. Sendo Cristo o rei do universo, rebeldes declaram-se os povos que se opõem ao seu poder. Fundada em Deus está a ação dos soldados de Cristo. Vistas as coisas nesta luz, secundário é o valor do homem. Chamem-se os soldados Mem de Sá ou Fernão, seu filho, o êxito ou os insucessos são invariavelmente atribuídos a Deus. Visto que o milagre (*Ut possim memorare tuae miracula dextrae*: "A fim de que possa recordar os milagres de tua mão direita", v. 127) é acolhido pela economia da ação divina, não se procurem motivos humanos para explicar acontecimentos. Milagre foi o medo repentino que pôs os franceses em fuga, assegurando a Mem de Sá a vitória no Rio de Janeiro. Como a vitória acontece por favor divino, os infortúnios ocorrem por justo castigo do alto. Estabelecida fica a improcedência da vanglória dos vitoriosos e a queixa dos abatidos. Seja qual for o resultado dos atos, cabe aos fiéis render louvor a Deus. Temos uma epopéia que é também um hino.

A epopéia grega tinha estabelecido diferença rigorosa entre os interesses humanos e a vontade divina, desenvolvendo-se aqueles com autonomia no espaço em que se travam os combates. Nos tempos de Virgílio, embora o absolutismo do divino Augusto impusesse a submissão do pio Enéias ao Júpiter soberano em quem o César se espelha, ainda havia espaço para a glória do herói e a paixão de Dido. No *De Gestis*, a glória é de Deus, enquanto as paixões caem no domínio do diabo. Cegos e apaixonados são os índios entregues à antropofagia e à poligamia. Para extirpar esses males, não se condenam atos de crueldade. Não é princípio inaciano que o fim justifica os meios? Não é a razão que ilumina as coisas, é Cristo quem clarifica a mente (*Clarifica mentem, Iesus*: "Ilumina a mente, Jesus", v. 121).

A linearidade do poema, que compreende a ação vitoriosa de Mem de Sá sobre os índios no Espírito Santo, na Bahia e sobre os franceses no Rio de Janeiro, encontra abrigo na temporalidade cristã, estendida entre a queda e a redenção. Descabida seria a insistência na circularidade clássica, o eterno retorno à matriz de todas as coisas. Na concepção cristã, nada há a reter das trevas, da corrupção de que o homem foi redimido. Estes dois versos encerram o poema:

Aureaque australi succedent saecula mundo
Cum tua Brasilles servabunt dogmata gentes.

Séculos de ouro advirão ao mundo austral
Quando os povos brasílicos observarem tuas leis.

A idade de ouro, futura, está reservada aos que se rendem às ordens de Deus. Dos milênios obscuros ocorridos longe da luz divina não há glórias a reter. A conversão, rompendo vínculos com o passado, inaugura os séculos áureos. As metáforas aquáticas que abrem o poema lembram o batismo. Como o homem, imerso na água, renasce para nova vida, os povos das terras conquistadas surgem para uma existência luminosa, a idade cristã.

Colocado o conflito nessa base, a epopéia se desdobra num campo em que Deus hostiliza o diabo, reiterando o conhecido conflito da Idade Média. Já que os portugueses estão a serviço de Deus e os índios desempenham o papel de asseclas do diabo, a conquista é apresentada como guerra de libertação. Escravos não são os que estão sujeitos a trabalhos forçados e sim os que, de mente obscurecida, fazem obras comandadas pelo arquiinimigo de Deus. Visto que a antropofagia aproxima dos animais carnívoros os que a praticam, a cristianização, reformando os costumes, humaniza.

Prosopopéia: O País do Futuro no Litoral Pernambucano

1593, ano em que a *Prosopopéia* provavelmente já podia ser lida em manuscrito – só foi publicada em 1601 – transcorria em tempos sombrios. O declínio do comércio português nas Índias Orientais já há décadas impelia para o Ocidente nobres como Duarte Albuquerque Coelho e os dois Coutinho: Vasco Fernandes e Francisco Pereira, desejosos de prosperar na América. Dificuldades econômicas levaram a coroa portuguesa a uma arriscada ação militar no Norte da África, que terminou com o aniquilamento do exército, a morte do rei, D. Sebastião, e a incorporação de Portugal e terras conquistadas no império espanhol de Filipe II em 1580. Leiamos a primeira estrofe de *Prosopopéia*, atentos aos dissabores de Portugal.

> Cantem poetas o Poder Romano,
> Sobmetendo Nações ao jugo duro;
> O Mantuano pinte o Rei Troiano,
> Descendo à confusão do Reino escuro;
> Que eu canto um Albuquerque soberano,
> Da Fé, da cara Pátria firme muro,
> Cujo valor e ser, que o Céu lhe inspira,
> Pode estancar a Lácia e Grega lira.

A pretensão de que expedições contra índios nestas bandas eclipsem feitos bélicos de gregos e romanos não deve ser indigitada como clamoroso exagero? Entendam-se, entretanto, as hipérboles. Derrotas atiçam brios feridos. Os versos de Camões, que elevavam os feitos lusitanos aos píncaros da glória e que ardiam na lembrança de Bento Teixeira, eram avidamente lidos agora que Portugal, como nação independente, não existia mais. Não se esqueça o exagero – que exagero há, maior em Teixeira do que em Camões – mas também não se menospreze a guerra travada pelos Albuquerques contra guerreiros indígenas. A investida de Cortés, que com traição e crueldade abateu em poucas semanas o poderoso império dos Astecas com um punhado de homens, não deve eclipsar o que se passou em outras regiões da América. A conquista do Brasil foi difícil, demorada e, no princípio, menos lucrativa. Como os nativos brasileiros não estavam subordinados a nenhum poder central, os conflitos se regionalizaram ao longo da costa imensa. Os conquistadores sofreram derrotas exemplares. Aires da Cunha, Fernando Álvares de Andrade e João de Barros, acossados pela fúria do mar e a hostilidade indígena, foram repelidos do Maranhão e do Rio Grande do Norte. E vinham com dez naus e novecentos homens! Cortés conquistou o México com trezentos. Aires da Cunha morreu em naufrágio antes de atingir a costa. Os outros dois chegaram a fundar a povoação de Nazaré, mas tiveram que retornar a Portugal em 1538, depois de três anos de luta, levando na bagagem a amarga lembrança da ruína. A tentativa de colonização, chefiada por Luís de Melo da Silva, em 1554, teve a sorte da primeira. Só os franceses conseguiram se impor aos indígenas já debilitados pela guerra com os portugueses, e aí ficaram até princípios do século XVII. O colonizador do Ceará, Antônio Cardoso de Barros, que desembarcou em 1549, foi morto pelos indígenas em 1556 juntamente com o primeiro bispo de Salvador, D. Pedro Fernandes Sardinha, depois de um naufrágio. Vasco Fernandes da Cunha, não podendo sustentar a luta de anos com os indígenas do Espírito Santo, refugiou-se na Ilha de Santo Antônio. Pero Góis, donatário da Capitania de São Tomé, preferiu recordar em Portugal as amarguras da derrota. Na Bahia, os tupinambás se rebelaram contra Francisco Pereira Coutinho, incendiaram engenhos, destruíram plantações, aniquilaram quem lhes oferecia resistência e cercaram por oito anos a fortaleza de Vila Velha. Sem água e sem mantimentos, Francisco Pereira abandonou a base militar aos atacantes, indo refugiar-se em Ilhéus. O retorno à Bahia, com termos de paz impostos pelos índios, foi levado ao fracasso pelo naufrágio da embarcação em que navegava o donatário. Todos os náufragos, exceto Diogo Álvares Correia, alimentaram os festins antropofágicos dos odiados gentios. A ação guerreira dos índios determinou o insucesso das capitanias hereditárias, feudos doados a soldados portugueses por serviços prestados ao rei. O sistema feudal com o qual a coroa portuguesa quis colonizar o Brasil foi desmantelado pela tática militar nativa em longos anos de luta, prosperando em apenas dois lugares, São Vicente e Pernambuco. Nessas circunstâncias, se era excessivo comparar os Albuquerques com Rômulo e Remo, míticos fundadores de Roma, não havia nenhum exagero em lhes conferir destaque nas lutas sustentadas pelas armas portuguesas neste pedaço da América. Como não engrandecer feitos militares num império em colapso? Portugal recordava saudoso o brilho de seu antigo heroísmo. Considere-se a importância comercial do triunfo dos Albuquerques. Fizeram de Pernambuco o primeiro grande centro açucareiro no Ocidente. A cotação do açúcar elevou-se tanto que comparecia no enxoval de princesas. A exaltação patriótica de Bento Teixeira ergueu a Nova Lusitânia às glórias da nova Roma, pretensamente conquistada pelo troiano Enéias, trazido ao Ocidente nos másculos versos de Virgílio. O rei troiano que desce à confusão do reino escuro é ele. A exemplo de Camões, Teixeira, comparando lendas com fatos, distingue estes.

Fantasia e realidade se misturam na *Prosopopéia*. As divindades aquáticas, convocadas ao Recife pela trombeta de Tritão, surgem com a imponência de um exército chefiado por um rei, Netuno. No cortejo do soberano das ondas vinha a cultura clássica na força da inundação que alagava o mundo tido por civilizado. Além da religião dos papas, o classicismo era instrumento de civilização. Em todo o poema aparece um só termo tupi-guarani, Pernambuco, necessário, porque toponímico, mas etimologicamente explicado (mar furado). Os conquistadores não conseguem ocidentalizar todos os topônimos, por mais que o queiram. Não se pode apagar de todo uma cultura vencida. Marcas ficam, até na língua.

Bento Teixeira nos deixou um poema opulento, produzido em Olinda, a primeira cidade opulenta destes Brasis. Alfredo Bosi observa que, graças à cana-de-açúcar, as classes superiores de Pernambuco e da Bahia ostentam opulência que as colônias inglesas levarão algum tempo a alcançar. Cumpre-se a estratégia de Caminha para o Brasil; na falta de metais preciosos, desenvolva-se a agricultura. Ainda que reduzido a poucas estrofes, ainda que "esboço", a riqueza é ostensiva na avalanche das perífrases a revestir nomes ao longo do poema. As legiões de Roma comparecem como "o Poder Romano", "o Mantuano" é Virgílio; Enéias, o sábio troiano de Camões, é lembrado agora com o incorreto título de "Rei Troiano". Em vez de Deus, lê-se "Céu", o lugar em que Deus impera; a poesia greco-latina, chamada de "Musa antiga" por Camões, converteu-se em "Lácia e Grega lira". A riqueza da primeira estrofe não a singulariza entre as demais, visto que todas desfilam aquinhoadas de mitologia, de metáforas, de acrobacias sintáticas, com insistência em perífrases, muitas perífrases. Raros são os nomes referenciais. Os preceitos em voga exigem que na poesia os nomes sejam trocados. É o barroquismo em ação, já perceptível em Camões, barroquismo maneirista. Convocam-se os deuses bem-aventurados e a riqueza verbal para esconder as feridas do império lusitano. Tarefa similar cabe aos canaviais que abraçam Olinda. As folhas que ondeiam pacificamente verdes no litoral nordestino, escondem a terra regada com sangue índio.

A prosperidade apoiada no açúcar encobre a fome trazida pela monocultura à população anônima alijada dos benefícios usurpados por bem poucos. O maneirismo marca as contradições que a abundância barroca afanosamente nega. Bento Teixeira imitou Camões? Imitou. Como Camões imitou Virgílio, como Virgílio imitou Homero. A que resultados nos leva a enumeração dos imitadores? Na verdade, todo texto repousa sobre outro texto. Pura, só a linguagem de Adão. Saibamos tirar partido das impurezas. Mais próprio seria dizer que Bento Teixeira cita Camões, como cita outros. Não se diga que seja canhestro nas citações, relevadas as limitações que a condição de pioneiro e de autor periférico lhe impõe. Não passe em brancas nuvens a ousadia do primeiro literato brasileiro de inverter a perspectiva – e isso não é pouco. Enquanto o autor de *Os Lusíadas* exalta o passado, como todos os épicos antigos, lê-se na *Prosopopéia* o que deverá acontecer. O pretérito evocativo é substituído pelo futuro profético. Trata-se de um artifício sem dúvida. O que não é artifício em literatura? Importa examinar a relevância do artifício. Terá Bento Teixeira sentido que o Brasil é o país do futuro como ainda hoje sonhamos? Certo é que a inversão aí está. O narrador, Proteu, convocado por Tritão, fala com voz profética. A assembléia dos deuses, atenta às revelações do cantor, reúne-se no deserto litoral pernambucano antes da vinda dos portugueses. Remitizando a história, Bento Teixeira a apóia em divindades clássicas cristianizadas. O arauto de Nereu, falando como um deus que se converteu ao cristianismo, define os fundamentos da história do Brasil nascente: classicismo e cristianismo. A perspectiva do narrador ficcional justifica as perífrases. As palavras de Proteu, encobertas como a mensagem dos profetas, solicitam a argúcia da interpretação. A negação do auxílio das musas, repetida, apóia-se também no tom profético das revelações. Enquanto as musas preservam o cabedal da tradição, a profecia requer o socorro da luz divina, invocada por Teixeira. Sendo Proteu o deus das mudanças imprevisíveis, a sorte inesperada e adversa que no final muda os rumos da história ratifica a escolha do indomável Proteu como narrador.

Indeciso entre a oralidade e a escrita, Teixeira põe indevidamente a palavra "escreve" na boca de Proteu num lugar em que próprio seria *canta*:

> Porque, dado que a forma se me muda,
> Em falar a verdade serei raso,
> Que assim convém fazê-lo quem escreve,
> Se à justiça quer dar o que se deve.

Ainda que não queira, Proteu sofre as contingências de sua instável natureza. A quebra da verossimilhança ("escreve" em lugar de "canta") declara a verdade da civilização adventícia; na terra da literatura oral, indígena, instala-se a cultura da escrita. O triunfo da literatura escrita sobre a oral é selado nos versos finais do poema:

> Eu, que a tal espetáculo presente
> Estive, quis em verso numeroso
> Escrevê-lo por ver que assim convinha
> Pera mais perfeição da Musa minha.

Musas já não são vozes divinas, portadoras da tradição antiga. As Musas cederam lugar à "Musa minha", a arte de escrever. A inverossimilhança da presença do poeta ao discurso de Proteu explica-se pela vontade de fugir da tradição oral. Quem escreve se quer testemunha ocular. O artifício da poesia escrita, barroca, toma distância da espontaneidade oral, tangível nos versos de Homero. Peregrinamente comparecem indecisões próprias da oralidade, não corrigidas pela disciplina da revisão escrita:

> Mas adonde me leva o pensamento?
> Bem parece que sou caduco e velho,
> Pois sepulto no Mar do esquecimento
> A Duarte sem par, dicto Coelho [LXXXI].

Quem pode conter a veleidade protéica? Enfim, um pouco de espontaneidade oral devolve à língua o oxigênio das origens, benéfico à saúde do corpo verbal.

A instabilidade protéica oscila ainda entre a imaginação e a verdade rasa, comparecendo esta num lugar em que a crueza dos fatos inibe a invenção. Sem metáforas se estampa a violência dos Albuquerques:

> Os braços vigorosos e constantes
> Deterão peitos, abrirão costados,
> Deixando de mil membros palpitantes
> Caminhos, arraiais, campos juncados;
> Cercas soberbas, fortes repugnantes
> Serão dos novos Martes arrasados,
> Sem ficar deles todos mais memória
> Que a qu' eu fazendo vou em esta História [XXXI].

Sérgio Buarque de Holanda, não conseguindo enquadrar a desumanidade destes cometimentos nos princípios que norteiam os heróis das epopéias consagradas, busca entendê-los à luz da "própria rudeza do meio americano onde viveu e se criou o poeta".

Se por "meio americano" devemos entender índios, somos obrigados a divergir. Embora feridas por antropófagos, rudes as guerras pré-colombianas não eram. Sendo guerras de vingança e não de conquista, nunca objetivavam aniquilar o adversário. Os guerreiros do litoral brasileiro, depois de capturados os adversários requeridos pelo ritual antropofágico, retornavam às suas aldeias, criando condições para que os condenados ao sacrifício pudessem morrer com dignidade, sendo-lhes facultado insultar os algozes e clamar por vingança. No caminho à execução, esperava-se que extravasassem o ódio, atirando objetos contra os captores. Rendendo a vida com bravura, a morte lhes tinha sentido. Não maldiziam a sorte porque sabiam o que os aguardava se caíssem nas mãos dos inimigos. Destinado ao festim antropofágico, o prisioneiro morria como herói.

A guerra total, a morte sem nenhum sentido, foi trazida pelos europeus. A crueldade dos combates transplantados foi tamanha que mereceu severa repreensão de sacerdotes sensíveis como Las Casas. A crueldade não foi praticada só contra gentios. Registra-se a sede sanguinária durante a Guerra dos Trinta Anos, que arrasou inúmeras aldeias, sem poupar velhos, mulheres ou crianças. Direito a pretensões de superioridade nós, os civilizados, teríamos, se a antropofagia fosse o único índice de crueldade.

Embora expressivos sejam os feitos bélicos dos indígenas a ponto de em vários momentos e lugares porem o invasor em fuga, Bento Teixeira envolve todos na expressão "bárbaro difuso". Negada aos defensores da terra categoria de indivíduos, Bento afunda todos no mar do esquecimento. O narrador ratifica a destruição dos conquistadores a ponto de se referir pejorativamente às fortificações indígenas, "fortes repugnantes". Só quem empunha a espada da conquista recebe imortalidade épica.

Merecem atenção os meios com que se trazia os índios à "civilização":

> E primeiro que a espada lisa e fera
> Arranquem, com mil meios d'amor brando,
> Pretenderão tirá-la de seu erro,
> E senão porão tudo a ferro e fogo.

Falar em "amor brando" na tática dos Albuquerques não evoca imagem histórica. O narrador repete o chavão vezeiro nos relatos da conquista para amenizar os remorsos éticos dos receptores. A opção está claramente enunciada: "amor brando" ou "ferro e fogo". Entre os soldados alistados no exército da coroa espanhola e os portugueses não havia diferença, o que aconteceu no México se repetiu no Brasil. Os que intimidados escolheram o "amor brando" descobriram a escravatura como nunca a tinham conhecido, a pobreza, a fome, a morte aviltante e anônima. A dominação desvenda em Caminha formas suaves porque Cabral, o almirante, não percebia entre os gentios resistência à fé e ao império. As relações se alteram quando com índios se defrontam plantadores. Vale agora outro código camoniano, única alternativa para a resistência à submissão, a devastação das "terras viciosas". Faixa neutra entre inocência e vício não há. Sem tolerar a existência do outro (outra fé, outra cultura), a espada européia busca reduzir o colorido do

Globo à monocromia do mesmo, o aplaudido padrão europeu. E o sofrido povo brasileiro? Terá que esperar séculos pela pena de João Ubaldo Ribeiro para ser reconhecido nos seus sonhos e realizações.

Ao narrador importam os interesses dos heróis e, entre eles, um só, Jorge de Albuquerque. A lição de Camões, cantar "o peito ilustre lusitano", já está esquecida. Os resumidos feitos de apenas um enche a cena, e basta. Secundariamente lembra Duarte. Jorge e Duarte em nada se distinguem, a espada sanguinária os nivela. Os heróis sustentam a luta onde quer que ela se trave. Jorge, cujos feitos militares se exaltam no Oriente, depois de "amansar" os selvagens brasileiros, alista-se no exército de D. Sebastião, que atravessa o estreito de Gibraltar com o objetivo de ampliar o domínio português no outro continente. Recordando façanhas de romances medievais, o narrador atribui a Jorge o grande gesto de oferecer o próprio cavalo ao rei ferido.

Destacados os heróis, os adversários se aglomeram em massa confusa, sujeitos à conquista e à morte. Dos índios, autores de proezas dignas de registro, não se menciona um nome sequer, tática nenhuma, nenhuma fala. Propósitos, esperanças, sentimentos dos vencidos sucumbem no silêncio. Ignorando-os, o narrador os destrói. Não é outra a sorte dos mouros que enfrentaram e desbarataram o exército invasor comandado pelo infortunado D. Sebastião. Homero, mais justo com os adversários, chega a atribuir-lhes virtudes que faltam aos combatentes gregos. Como é freqüente na literatura maneirista, o poema se abre como um sonho, desde os mares de Pernambuco até os desertos africanos, borrados os limites que separam visões oníricas de fatos vividos.

O narrador sabe embelezar até o resgate estipulado para libertar do cativeiro Jorge e Duarte.

> Eis ambos os irmãos em cativeiro
> De peitos tão protervos e obstinados,
> Por cópia inumerável de dinheiro
> Serão (segundo vejo) resgatados.
> Mas o resgate e preço verdadeiro,
> Por quem os homens foram libertados,
> Chamará neste tempo o grão Duarte,
> Pera no claro Olimpo lhe dar parte [LXXXIX].

Contra os hábitos da Antiguidade clássica, o soldado morto é recebido no Olimpo, outrora habitação exclusiva de seleta corte de deuses superiores e protegidos, poucos, presididos por Zeus. A glorificação não respeita limites. Mas este já é um Olimpo cristianizado, sinônimo de céu, destino de todos os fiéis. Onde, então, o privilégio de Jorge?

Merece referência a exaltação exclusiva do guerreiro em detrimento do agricultor, do artesão, do senhor de engenho. Na epopéia homérica não foi assim. Lá figuram mercadores, guardadores de cabras e de porcos, escravos, mulheres, crianças... Bento Teixeira destaca o profissional das armas no interesse dos plantadores de cana. Sem o trabalho preparatório do soldado os agricultores não poderiam atacar a exuberante floresta tropical, morada de índios, para, em lugar dela, cobrir o solo com o lençol monotonamente verde da monocultura canavieira. O plantador de cana enriquece à sombra do soldado.

Antes de alcançar a África, os Albuquerques precisam atravessar o mar. As convenções da epopéia tornaram difíceis travessias marítimas para intensificar o brilho dos heróis. Lêmnio chama-se a divindade encarregada de testar o valor sobre-humano de Jorge. Lêmnio é outro nome para Vulcano (o Hefesto dos gregos), o deus ferreiro, traído por Vênus, a bela esposa, que recebeu no leito Marte, deus da guerra. O épico brasileiro evoca o jocoso episódio da *Odisséia* em que o ferreiro ultrajado prende numa rede metálica o casal adulterino. Visto que os portugueses se declaram, desde Camões, favoritos de Vênus, homenageada como mãe, e de Marte, é coerente que se vejam perseguidos por Vulcano. Bento Teixeira encontra jeito de implicar os índios nos perigosos trabalhos do mar, tornando Lêmnio ancestral mítico da "bárbara progênie". A cor escura da pele, índice que permite aparentar africanos e ameríndios, autoriza a artimanha. Combatam os Albuquerques no Brasil ou na África, serão sempre adversários do mesmo Vulcano. A guerra de conquista passa a conflito racial entre brancos e escuros, não importa a tonalidade.

A tradição retórica da elite brasileira, que alcança os inflamados discursos de Rui Barbosa, encontra nas palavras de Jorge Albuquerque, dirigidas aos marinheiros com "tuliana eloqüência" o primeiro esboço. Para vencer as ondas do mar, não se requer habilidade náutica, basta erudição clássica e ciceroniana ("tuliana") agilidade verbal. O discurso de Jorge conduz a frota ao brando Minho paterno. A eloqüência pode mais que o saber prático dos nautas.

O canto termina no desastre da campanha africana. Entra um novo fator para explicar o insucesso, a "sorte dura". Note-se que a sorte, com minúscula, não se eleva à substancialidade dos deuses. Surpreende num conjunto de ações ultradeterminadas a presença de uma força sem apoio metafísico. O profano vence o sagrado. Na teologia de Bento Teixeira, não há explicação para o insucesso. A derrota portuguesa inspira-lhe uma estrofe bem elaborada. A repetição sonora de "antre" reproduz o ritmo fúnebre dos tambores:

> Antre armas desiguais, antre tambores,
> De som confuso, rouco e dobrado,
> Antre cavalos bravos corredores,
> Antre a fúria do pó, que é salitrado;
> Antre sanha, furor, antre clamores,
> Antre tumulto cego e desmandado,
> Antre nuvens de setas Mauritanas,
> Andará o Rei das gentes lusitanas.

A melancolia do "antre" reiterado se prolonga no "andará" do rei perdido, embebendo também as estrofes finais do canto. Fúnebre é o aspecto de Olinda, abalada com a morte de Duarte. Proteu está cansado "deste difuso, largo e triste canto", embora reduzido a noventa e quatro estrofes, um décimo de *Os Lusíadas*. O sentimento de morte disseminado na arte maneirista se adensa com o colapso da energia de Portugal. Embalde Duarte lembra as façanhas do passado aos intimidados e fugitivos soldados de D. Sebastião. O sentimento de abandono marca a literatura brasileira desde a primeira página. A espada que feriu o Brasil suscitou gritos não abafados pela opulência dos tropos.

Prosopopéia não é apenas maneirista no sentido pobre do termo, ou seja, um texto elaborado à maneira de um autor já consagrado. Na economia narrativa, na inversão da perspectiva, na personalidade mortífera do herói conquistador, no fim apocalíptico, *Prosopopéia* se afasta do modelo camoniano. E nos lugares em que se desvia da maneira antiga, Bento Teixeira sugere uma nova maneira de escrever.

URAGUAI: A CONQUISTA DO SUL

> Fumam ainda nas desertas praias
> Lagos de sangue tépidos e impuros
> Em que ondeiam cadáveres despidos,
> Pasto de corvos. Dura inda nos vales
> O rouco som da irada artilharia [I, 1-5].

A abertura lembra a *Ilíada*. Os cadáveres, pasto de corvos, são os mesmos. Diferente é o tempo verbal, o presente em vez do passado (imperfeito em grego; perfeito, em português). O presente é o tempo da ação teatral. No teatro, o presente abrevia a distância entre a cena e o espectador. Durante o espetáculo, somos todos testemunhas. Um verbo no presente abre o poema de Basílio: "Fumam", e não tem objeto. No verbo se desvelam os lagos de sangue ainda tépidos. A cena, visual e em movimento, acolhe os recursos das artes temporais, difíceis de serem reproduzidas nas artes plásticas, de acordo com as contemporâneas ponderações de Lessing. Estamos, na verdade, num passo em que os recursos do teatro, da pintura e da narrativa confluem. Avizinhando-se das artes plásticas, Basílio apresenta lagos rubros, sempre fumegantes, fora de limites cronológicos. Evocado Homero, não se omitam as diferenças. O poeta grego lembra que as almas dos heróis foram recolhidas ao reino dos mortos e que devorados pelos cães foram os corpos. Basílio silencia o destino metafísico dos que tombaram. Os corpos dos índios são alimento de aves e nada mais. Na óptica primitiva dos indígenas, o banquete antropofágico oferecia ao guerreiro destino mais glorioso do que este. O corpo dos vencidos sobrevivia nos músculos dos vencedores. O banquete dos corvos subtrai dignidade à morte. Homero subordinou a campanha contra Tróia à ira de Aquiles. A ira, colocada à testa do primeiro canto, dava unidade ao poema e sentido à morte. Desligada de sentimentos que a justifiquem, a morte em Basílio já não tem sentido. A ira, um substantivo em Homero, agarrou-se no *Uraguai* como adjetivo a uma máquina de matar: a "irada artilharia". A máquina destrói como se agisse por si mesma, como se ninguém a comandasse. Os autores da matança mantêm-se limpos dos malefícios da máquina, obedientes a determinações que vêm de longe, de outro continente. Os soberanos que mandaram evacuar à força o território tampouco estão irados. Ordenam, como é de seu dever, que se cumpra a lei, na elaboração da qual os diretamente interessados, milhares, não foram consultados. Ninguém está irado, ninguém na idade das luzes tem o direito de estar. Irada, só a artilharia. Já no início da era industrial, a máquina substitui o homem.

Os cinco versos inaugurais cantam o fim de uma seqüência de matanças, não só as narradas no poema, também as implícitas, os massacres que ensangüentaram o solo que foi sendo gradativamente incorporado ao território brasileiro numa luta que durou mais do que cento e cinqüenta anos, a guerra predatória que foi desferida contra as operosas e pacíficas tribos guaranis. As primeiras vítimas foram os índios aldeados nos florescentes redutos de Guaíra. Atacados por uma expedição paulista composta de novecentos brancos e dois mil e duzentos mamelucos, o golpe atingiu em 1629 os índios da foz do Iguaçu. Esse exército de três mil e cem homens passou meses no campo de operações para escravizar índios cristianizados, ordeiros e operosos. Quantos perseguidos perderam a liberdade ou a vida? Duzentos mil deve ser estimativa exagerada. Os menos alarmistas admitem cinqüenta mil. É pouco? Dos doze mil que conseguiram fugir da chacina, apenas um terço chegaram a um lugar menos exposto à cobiça da exploração canavieira de São Paulo. Em 1636, a bandeira de Antônio Raposo Tavares desceu até o Jacuí. Em prolongada operação contra aldeias guaranis criadas por jesuítas, o intrépido bandeirante retornou com vinte mil escravos. A debandada dos índios para a outra margem do Uruguai foi inevitável, ousando retornar às terras desertas, passados cinqüenta anos. A derrota infligida pelos guaranis, finalmente equipados com melhores armas, aos bandeirantes, Fernão Dias Pais Leme e Jerônimo Pedroso, impuseram respeito aos paulistas e trouxeram a paz necessária ao desenvolvimento da pecuária, da agricultura e da indústria. 1641, ano da derrota de Jerônimo Pedroso na batalha de Moboré, foi o início de uma era de prosperidade em que se construíram cidades e igrejas, eliminou-se a fome e intensificou-se a alfabetização. Quando em 1750 as coroas de Espanha e Portugal permutam pelas Missões, Colônia do Sacramento, forte português erguido em 1680 à margem esquerda do Prata, inicia-se uma guerra que durou intermitentemente mais de oitenta anos, entrando nos primeiros anos do Brasil independente com a morte violenta de milhares de índios.

Os cinco primeiros versos, articulando estrategicamente o centro em torno do qual se constrói o poema, definem algumas das isotopias: o fogo ("tépidos", "artilharia"), a água ("praia", "lagos"), a terra ("vales"), o ar ("fumam"), o som ("o rouco troar"). A arte de escrever constrói a unidade outrora determinada por decisões que procediam do misterioso fundamento do universo. A ordem se desloca do fundo incontrolável para a superfície visível.

Seguindo o exemplo de Homero, Basilio reduz a fonte inspiradora a um só ente, identificado com uma só palavra: Musa.

> MUSA, honremos o Herói que o povo rude
> Subjugou do Uraguai, e no seu sangue
> Dos decretos reais lavou a afronta.
> Ai tanto custas, ambição do império!
> E Vós, por quem o Maranhão pendura
> Rotas cadeias e grilhões pesados,
> Herói e irmão de heróis, saudosa e triste
> Se ao longe a vossa América vos lembra,
> Protegei os meus versos [I, 6-14].

A caixa alta (MUSA), recurso de escrita, marca a diferença. A Musa vinha, em Homero, ligada à voz, ao saber oralmente conservado; a MUSA de Basílio, enfraquecidas instâncias que superem o homem, valorizada a verificação, volta-se à exploração documental, a fatos contemporâneos, à arte de escrever. A hegemonia da escrita, a invasão da prosa (nas notas) e a observação anunciam o fim da epopéia e o princípio do romance, passagem que no XVIII se encontra em pleno movimento. No *Uraguai* já não somos os enlevados ouvintes do canto e ainda não somos os atentos leitores da prosa, estamos no meio. O mesmo sentimento teremos quando nos detivermos em textos já escritos em prosa mas com sonoridades e entusiasmos de epopéia a exemplo do *Iracema* de José de Alencar. Prestigiada a arte de escrever, o poeta completa os versos com notas de rodapé como se tornou costume em trabalhos universitários. O rigor da escrita não elide a paixão que move ódio sistemático à Companhia de Jesus e aos jesuítas. A poesia, dirigida mais ao coração do que à razão, põe agora o leitor na indecisão entre os afetos e a correta interpretação dos fatos. Num poema expressamente conduzido pelo ódio não há como fugir ao compromisso de recorrer à informação documental para resguardar posição menos comprometida.

Poucos anos separam a publicação do poema (1769) do teatro dos acontecimentos (1756). Os dois momentos diferenciam-se, entretanto, acentuadamente. A campanha contra os jesuítas encetada pelo primeiro ministro de D. José I, o Marquês de Pombal, está em meados dos anos cinqüenta apenas no princípio, evoluindo para medidas drásticas. Acusando-os de irregularidades na América, priva-os do direito de ouvir confissões na corte (1757), de pregar na diocese de Lisboa (1758); sob a alegação de envolvimento no atentado a D. José, o marquês expulsa-os de Portugal e das colônias em 1759. O poeta redige e publica o poema comprometido com o pombalismo no ardor dos audaciosos golpes do onipotente ministro do monarca português, dando crédito a quaisquer boatos que incriminem os adversários.

Dividida estava a opinião européia com relação ao trabalho realizado nas Missões. Contra os jesuítas pronunciara-se Voltaire no *Candide* (1559). O herói, homônimo do livro, encontra no Paraguai os jesuítas servidos ao almoço com pratos de ouro em ambiente ricamente ornado, enquanto índios comem em tigelas de barro, sem abrigo contra os raios do sol tropical. Nesse ambiente de aberrante diferenciação classial, o chefe militar das reduções, um alemão, ameaça de excomunhão e derrota as tropas espanholas. Contra Voltaire levanta-se em 1743 o veneziano Muratori que exalta o cristianismo bem-sucedido das Missões, louvando a sociedade inaciana sem ricos nem pobres, restauradora do comunismo das comunidades neotestamentárias. A discussão provocada por divergências desorientadoras sugeriu em Roma ao poeta a idéia de redigir o poema. Não lhe faltava o exemplo literário de Voltaire. Decidido a entrar no debate com um poema épico, não lhe bastava o incentivo da epopéia antiga, expressão da comunidade e dos deuses. O iluminismo já não tolerava discursos que se diziam misteriosamente inspirados. Em lugar da ajuda divina e da piedade, Basílio propõe as suas próprias convicções e seu testemunho de americano. Lembranças de procedimentos da narrativa épica, antiga e moderna, são reelaboradas para satisfazer o gosto esclarecido dos leitores setecentistas. O *Uraguai*, provocado por interesses europeus, responde a exigências estéticas e ideológicas da Europa. Temos a voz de um grupo contra outro num mundo conflituado em que a palavra de Deus silenciou. No poema sobre conflitos de uma das regiões da América, a voz de americanos soa abafada, reprimida. Basílio diz América porque não lhe interessa distinguir unidades políticas dentro dela. A América é de norte a sul território europeu.

    Absorvida a invocação, somos convidados a honrar o Herói, e se levantam novas indecisões. Os heróis que recebiam na Antiguidade a consagração da Musa agiam com o favor das divindades e da comunidade. Como coroar com homenagens de herói um homem que está a serviço de reis e de interesses europeus contra populações indefesas? Os índios, "pasto de corvos", já não são silvícolas gentios, são trabalhadores concentrados em núcleos urbanizados, fiéis ao rei da Espanha e ao papa de Roma. Como podem as cortes fazer acordo sem ao menos ouvir os súditos? Como ter por herói o executor de lei arbitrária, que determina disparar com modernas armas de fogo contra gente pacífica? A guerra total, disseminada pelos conquistadores, não distinguia soldados de mulheres, crianças e velhos. Os corvos se fartavam de corpos de ambos os sexos e de todas as idades. Humanidade já não orna o herói fardado e mecanizado dos conquistadores. Note-se o singular, Herói (com maiúscula) contra o coletivo "povo rude". Num exército de três mil e seiscentos homens há um só Herói, o general, nenhum dos defensores do "povo rude" merece o mesmo epíteto. O Herói de agora é a antítese dos heróis antigos, amparo dos desprotegidos, escudo da pátria e dos valores consagrados. O herói iluminista já não defende, subjuga. No trato com o "povo rude" não argumenta, não recorre aos artifícios da persuasão. A força bruta e muda segrega a palavra. Nova é a semântica de herói, dócil instrumento dos propósitos da monarquia absoluta, juiz do conveniente e do desprezível, do bem e do mal. Matanças praticadas no interesse do Estado isentam-se da incriminação de más. Bom é o que favorece quem está no poder. O maquiavelismo triunfou. A retórica confirma o poder dos poderosos. Instrumento outrora da democracia, a retórica circula como arte de bajular o tirano. Povo rude? Mesmo que se esqueça a reserva contra o adjetivo rude para designar a outra cultura, como admiti-lo para qualificar homens que cantam, tocam instrumentos, pintam, esculpem, cultivam, criam, rezam e vivem em cidades? É a cor da pele que os torna rudes? Fique o emprego de "rude" por conta dos compromissos políticos e ideológicos de Basílio.

O poeta esclarece em nota o que entende por "ambição de império", atribuindo sede de "império" aos jesuítas que, na opinião dele, nunca se opuseram ao cativeiro indígena, chegando a exercer sobre os nativos autoridade absoluta. Outros são os fatos apurados pela historiografia. Os seguidores de Loyola não combateram a escravidão em bloco. Havia escravos até em colégios inacianos. E não eram poucos. Protegiam, não obstante, os índios do ataque predatório de agricultores e mineradores, enquanto recomendavam, obedientes a fins práticos, a servidão africana. Embora dirigidos por padres, escravos da ordem sacerdotal os índios não foram. Mesmo assim, a instituição de castigos físicos reprimia os guaranis à menoridade. Vê-se que o domínio teocrático exercido pelos padres prolongou o respeito servil que os guaranis devotavam à autoridade mágica dos pajés na era pré-européia. Preferiam a vida nas cidades ao nomadismo nos campos e nas selvas. Decidiram permanecer nas suas terras contra o decreto imperial, apesar do empenho dos sacerdotes em convencê-los de reiniciar o trabalho em território recomendado pelas autoridades. Quando os índios resolveram enfrentar a repressão hispano-lusitana, contra a orientação jesuítica, tomaram atitude adulta. Conquistaram a maturidade, que não se obtém por doação. A obstinação guaranítica mostrou que a disciplina religiosa não quebrou a vontade ameríndia. O decreto de deportação fomentou a rebeldia dos povos e dividiu o clero inaciano. Não admira que sacerdotes tenham resolvido partilhar a sorte dos índios condenados ao desterro, mesmo contra a decisão da Companhia que determinou respeito ao decreto. O provincial do Paraguai, José de Barrameda, condena a resistência, transferindo ao governador de Buenos Aires a autoridade sobre as reduções.

Convertidos os jesuítas em vilões, responsáveis pelo massacre dos povos, o "ilustríssimo e excelentíssimo Gomes Freire de Andrade", governador do Rio de Janeiro com autoridade sobre os territórios portugueses até o Rio da Prata, comandante das tropas atacantes e executor do tratado de Madrid, podia luzir como libertador, sendo agraciado até, como prêmio de seus feitos, com o título de Conde de Bobadela.

Definido o propósito do poema, Basílio se põe a fazer considerações sobre a arte que deverá exaltar o herói. Fiel à preceptística que distribui o discurso literário em alto, médio e baixo, o poeta se compara a uma águia inexperiente atraída por altos vôos. A cartilha do estilo nobre obedecida no século XVIII impõe perfeição métrica à águia, que se opõe aos corvos. Enquanto estes reduzem a pasto os corpos dos indígenas, aquela eterniza o herói no canto. A ave dos altos vôos, rainha dos Andes, antecipa a montanha que o poeta implanta no planalto missioneiro. Aparentada com a antiga ave de Zeus, Basílio a elege para se erguer ao poder mais alto, o trono absoluto de D. José e os decretos de seu inflexível ministro. O verso branco eleito por Basílio recorda a epopéia virgiliana, subserviente ao absolutismo de Augusto. Desprestigiada recua a rima, lembrança da obscura Idade Média e das complicações barrocas. O verso branco responde melhor aos vôos serenos da águia, à afetividade amordaçada, à razão esclarecida, ao mando centralizado. Basílio, escolado na melhor tradição literária, não só executa os preceitos com perfeição como também se eleva a respeitável padrão de execução artística, o que não se alcança com subserviências. A arte, opondo-se a prejuízos ideológicos, redime o poema do insucesso, reservando-lhe um lugar privilegiado na produção literária setecentista.

O poema se desdobra em uma *Ilíada* e uma *Odisséia* em miniatura. Basílio restabelece a ordem que Virgílio tinha invertido, ao antepor aos cantos guerreiros o conflito amoroso. A primeira parte (dois cantos) tem os passos já há muito freqüentados pela poesia épica: apresentação do exército, banquetes, discursos.

O preceito da *apresentação do exército* antes da luta é antigo como a *Ilíada*. Entretanto, a contenção dos gregos, temerosos da desmedida não distingue os cuidados presentes. Ao contrário da contenção de Homero, que ilustra os chefes gregos através do olhar interessado dos conselheiros do rei inimigo, no *Uraguai* é o próprio comandante do exército português que se encarrega da apresentação de seus comandados. Nada se diz dos combatentes do "rude povo". Mesmo dentro das fileiras portuguesas, a honra favorece uns em detrimento de outros. A artilharia, de invenção recente, não confere brilho aos atiradores:

> Vinha logo (o peso da artilharia) de guardas rodeado
> – Fonte de crimes – militar tesouro,
> Por quem deixa no rego o curvo arado
> O lavrador, que não conhece a glória;
> E vendendo a vil preço o sangue e a vida
> Move, e nem sabe porque move, a guerra.

Outro é o nível dos soldados da infantaria, herdeiros do prestígio de outras gerações:

> Todo essa guerreira infantaria,
> A flor da mocidade e da nobreza
> Como ele azul e branco e ouro vestem.

As reformas pombalinas não desalojaram os nobres de seus privilégios. Para o povo (próprio ou alienígena) resta a morte vil, a morte que é só morte, a morte que não deixa lembrança.

No *banquete* oferecido pelo general em solo americano e agreste, circulam entre os convivas (oficiais portugueses e espanhóis) "vinhos europeus nas taças de ouro", enquanto Matúsio, um Demódoco dos pampas, celebra o anfitrião, sublinhando "altas empresas dignas de memória" e "honras futuras", além de se demorar no lustro dos brasões.

Proferem-se também discursos. Freire de Andrade historia as causas da guerra, técnica com que se recuperam, desde Homero, fatos passados sem quebrar a unidade de tempo. Reconstituamos fatos apenas aludidos pelo general. O orador introduz o discurso com a repentina decisão dos reinos ibéricos de pôr fim a um conflito ("cortar de golpe") iniciado antes do descobrimento desta parte da América. Casamentos reais foram o motivo. A filha de Filipe V da Espanha casa com o príncipe herdeiro de Portugal, D. José I, rei desde 1750. Em troca, D. João V de Portugal dá em casamento ao imperador da Espanha, Fernando VI, a filha, Bárbara de Bragança. A harmonia das famílias reais exigia a paz entre os dois impérios. Arranjos matrimoniais decidem o futuro de comerciantes do Prata e de agricultores do planalto rio-grandense sem consultar os habitantes dessas regiões. O general omite prudentemente interesses americanos no rol das causas do conflito. Surpreende-se, entretanto, com a inesperada resistência indígena ao modernamente equipado exército luso-espanhol: "Quem podia esperar... disputassem o terreno?" A surpresa antecipa o espanto que os amotinados de Canudos provocam no exército brasileiro, mal inaugurado o regime republicano, sem alterar os motivos. O *Uraguai* nos oferece a imagem do outro Brasil, ignorado, abandonado, humilhado, combatido e destruído, o Brasil dos pobres. O general comenta a falta de disciplina militar dos indígenas, fácil de entender. Não havendo governo central para os Sete Povos, cada povo cuidava da sua própria defesa. Os chefes indígenas enfrentaram isolados o exército atacante. Se combatiam com armas rudimentares era porque nunca estivera nos planos de Madrid constituir nestes confins exército respeitável. Faltava-lhes valor militar porque décadas de trabalho pacífico os tinham tornado inábeis para o manejo das armas. Mesmo assim fizeram recuar em 1754 o exército espanhol comandado por Andonaegui, governador de Buenos Aires, auxiliados por um inverno rigoroso, seguido de seca. A guerrilha que pôs em fuga os demarcadores das novas fronteiras projetou nomes como Japaju, Paracatu e Tiaraju. Os mesmos estrategistas retardaram o avanço de Almeida. O general se refere ainda a outro obstáculo, a prolongada enchente do rio Jacuí, que obrigou o exército português a acampar pitorescamente em galhos de árvore. A descrição do episódio, em Basílio, é notável:

> As tendas levantei, primeiro aos troncos,
> Depois aos altos ramos: pouco a pouco
> Fomos tomar na região do vento
> A habitação dos passarinhos [I, 216-219].

Gomes Freire é reticente quando recorda insucessos. Mesmo que tenha sofrido derrotas que o levaram a solicitar reforços exagerados para invadir o território inimigo, Basílio não lhe recusa o epíteto de invicto. Além de forte tradição literária, compromissos ideológicos levaram o autor a eleger o fim da operação militar (1756) para ação do poema. Basílio esconde assim uma guerra secular, de muitos episódios, em que vitórias indígenas adiaram o aniquilamento inevitável.

O quadro da guerra está configurado. Há o interesse das potências ibéricas em fixar os limites acordados no tratado de Madrid. Há o interesse dos índios e de alguns jesuítas em preservar e desenvolver o trabalho, longo e próspero. Chocam-se os interesses. Europeus decidem sobre o destino da América. Morrem americanos, milhares, pelas armas, pela miséria, pela fome. Os mortos recentes engrossam o número dos que tombaram no momento em que se instalou a conquista, já lá vão mais de cem anos. Combatam os americanos nas fileiras dos conquistadores ou contra eles, o resultado é sempre o mesmo, a venda do sangue e da vida a "vil preço". Quem indaga o preço? Morte é morte. Envolvendo os indígenas em conflitos que em nada os beneficiam, os europeus vão desocupando o solo para implantar uma outra civilização, branca e limpa. Nem a adoção da fé católica e a submissão ao jugo estranho protegem os índios da morte. Embora os guaranis professem a religião do papa e obedeçam às leis da Espanha, os seus corpos bóiam em lagos vertidos pelas próprias veias.

O primeiro canto é todo introdutório, a ação militar começa no segundo. Chegados à colina em que os índios se concentraram, os chefes deliberam sobre o ataque. Enquanto estes se mostram hipocritamente indecisos entre a violência e a brandura, apresentam-se dois emissários para deliberar com os atacantes, Sepé Tiaraju e Cacambo. O momento é histórico; esta é a primeira vez que, em narrativa brasileira, da massa anônima de indígenas se destacam indivíduos. Vários fatores concorrem para o evento: a curiosidade européia pela propalada república guarani (muitas vezes mencionada no poema), a idealização do índio em andamento, o cuidado de Basílio em assegurar a humanidade dos soldados portugueses. Cacambo fala primeiro. O abismo que, desde o princípio, dividiu índios e portugueses está transposto.

Na carta de Caminha dois monólogos se confrontam: o incompreensível monólogo dos índios e o verboso monólogo dos portugueses, em que a mensagem ao rei expressava antes os sonhos dos descobridores do que o desejo de conhecer a terra. A denúncia do poeta de que os jesuítas instruem os índios em guarani para impedir que se comuniquem com os europeus, fortalecendo-se assim o domínio clerical, é injusta. Correta é a distância que a denúncia aponta. Fazendo Cacambo falar, Basílio rompe barreiras. Começou o diálogo que poderá estancar rios de sangue, abertos por brutalidade cega e surda. O índio, falando de si na língua do conquistador, se eleva à altura dele. Em lugar das armas, a razão, o arrazoado, as palavras. Vislumbra-se a possibilidade de que o entendimento, que ainda não acontece, venha a ocorrer um dia. Basílio não exalta a guerra como Bento Teixeira. Soa, na fala de Cacambo, a outra voz, até qui abafada. O expediente não fere a tradição pré-cabralina já que a fala era um dos recursos à disposição de quem aspirava ao mando entre os guaranis. O diálogo impõe a polifonia. Sem tentar reproduzir a verdade do índio, o discurso posto em seus lábios se tornaria inverossímil, erro que Basílio não comete. Cacambo alega não-vingadas mortes de parentes e avós. Não exagera ao lembrar que os ossos deles cobrem os vales. Declinando sabiamente do dever de vingar a morte dos seus, passa ao ponto crucial, a distância das cortes européias, origem do conflito. Por que apressar a execução de decretos em matéria controversa, se, entrementes, até a posição das cortes européias poderia alterar-se? A afirmação "o dilatar-se a entrega/ Está em nossas mãos", vem como ajuizada declaração de autonomia. Se, contra os desejos do índio, as decisões estão lá, a execução está aqui. Por que não protelá-la, quando assim a razão o determina?

Na verdade, a execução do tratado de 1750 já fora protelada por seis anos, em parte pela hostilidade dos índios, com sérias queixas de Lisboa e de Madrid. O desenvolvimento dos acontecimentos mostra o quanto teria sido benéfico retardá-lo ainda mais. Não tardará o Tratado de El Pardo (1761), que anulará o de Madrid, restaurando as antigas fronteiras. Qual foi o sentido do sangue derramado? A irracionalidade domina governos que se querem iluminados. Cacambo só deseja para os seus povos a "doce antiga paz". É muito? No calor da argumentação, o índio se enreda em contradições. Tem sentido perguntar por que a Espanha não oferece Buenos Aires ou Corrientes? É estimar muito alto o valor das Missões. Basílio está certo. Nada pode ser mais importante para Cacambo do que o solo pátrio. O poeta cria, nas incoerências, um conflito apreciável, agravado com a alegação do índio de que, trocando Colônia pelas Missões, o rei português faz mau negócio. Sem comércio fluvial de porte e sem metais preciosos, as Missões não poderiam ser comparáveis a Colônia, empório cobiçado no rico comércio do Prata. O valor dos Sete Povos, depreciado e exagerado na mesma fala, expõe os distúrbios que agitam o índio. Basílio o humaniza no exercício da razão e no vendaval dos afetos.

Há um interesse recente de Portugal pelas Missões que não entra nas considerações do índio. Com a estrondosa explosão das jazidas auríferas de Minas, os rebanhos das campinas do Sul passaram a ter renovada importância. Faltavam proteínas na zona de mineração. Nessas circunstâncias, os bois dos guaranis eram mais preciosos do que a ameaçada fortaleza do Prata. Há outras sutilezas nas relações internacionais, que escapam ao repertório do índio. Cacambo ignorava que a presença de contrabandistas ingleses no Prata tornava o comércio centrado em Colônia mais lucrativo para Londres do que para Lisboa. Cacambo não sabe tudo, mas argumenta com tudo que sabe. No intuito de convencê-los a recuar, Cacambo procura entender os conquistadores e seus intrincados motivos. Como acertar, instáveis que são? Percebeu que tanto jesuítas como índios flutuavam ao sabor de razões forjadas além-mar em nome das quais a Europa criava e destruía. O índio é suficientemente atilado para denunciar no decreto erros lesivos a Portugal. Decretava-se que as terras passassem a Portugal sem os índios que nelas viviam. Argumenta Cacambo: o que interessam terras sem minério, não havendo quem as cultive?

Ao construir o emaranhado discurso de Cacambo, Basílio prova muito. Prova que o índio é capaz de elevar-se à altura dos gabinetes da política européia. O índio não discute o que políticos atilados discutem? Cacambo é um chefe hábil na condução das tropas e arguto negociador. Com esses predicados ele não cabe na classe dos rudes. Declarando os índios escravos dos jesuítas, Basílio se contradiz. A fala de Cacambo é de homem brioso e livre. A personagem afronta os preconceitos do autor e os desarticula. De quem Basílio era partidário e o que pensava não importa. No discurso de

Cacambo soa uma voz americana, inteligente e ousada. Isso importa.

A admiração do general ao brilho indígena não obsta a resposta da opressão:

> Por mim fala o rei: ouve-me, atende,
> E verás uma vez a verdade nua.

Personalidade própria Freire de Andrade não tem, nem voz. Regimes absolutos não permitem a emergência de vontades livres, condição indispensável à construção de heróis. Nas palavras que o general profere, fala o rei ausente, ou melhor, seu ministro, Pombal. Os braços do general são os braços do rei. "Sois livres, como eu sou." E é livre o homem cuja autoridade se evidencia em repetir palavras e executar ordens do rei? Almeida, anulando-se como indivíduo e se apresentando como braço do império, não satisfaz as exigências mínimas de herói. Não há como honrá-lo porque ele não existe. Sendo portador de um decreto inalterável, a argumentação de Cacambo bate em ouvidos surdos, em decisões previamente tomadas, justas ou não. A intransigência frustra o diálogo. A verdade nua, recusando razões, se desvenda cristalizada. Absoluta é a verdade como absoluto é o rei. Em lugar de perguntas, conjeturas, hipóteses, desfilam imperativos. A verdade nua, hostil a infrações, se espande pelo vasto território do saber. Sem abrir os olhos aos fatos, a verdade nua decreta que os selvagens vivem "errantes e dispersos / Sem companheiros, sem amigos". A fala do chefe índio, preocupado em alcançar as razões do outro é bem mais convincente do que a resposta do general sobre os índios. Um pouco de atenção aos costumes indígenas lhe revelaria que os vínculos sociais são bem mais fortes entre eles do que os que o individualismo ocidental de setecentos consente. Entendendo a vida dos silvícolas como um caótico "viver ao acaso", declara a escravidão melhor do que essa liberdade. Em jogo está o conceito de liberdade. Para o general, só a dele é legítima. Melhor do que a liberdade indígena, a escravidão jesuítica; melhor do que a escravidão jesuítica, a liberdade conferida pelo rei. A subserviência ao absolutismo monárquico não poderia ser maior. A subordinação proíbe autonomia na fala e na vida. Benéfica considera-se a monarquia mesmo quando escraviza. "Sereis livres – diz o general – ... mas deveis entregar-nos estas terras." Não percebe o paradoxo? Como ser livre privado do solo eleito para construir, plantar e procriar? Como ser livre banido da terra em que dormem os antepassados, da terra em que se nasceu e sonhou? "Não sendo (livres) aqui, (sereis livres) em outra parte." Que não era fácil ser livre em outra parte, os índios o tinham provado. Os que, obedientes ao decreto, atravessaram o Uruguai foram repelidos pelos charruas, não interessados em dividir o território com refugiados. "O sossego da Europa assim o pede." Definido está o centro hegemônico, a Europa. Para a tranqüilidade da Europa, os índios devem abandonar pátria e bens, devem expor-se a armas inimigas, devem cair na pobreza, esperar a morte. Que interesses europeus são estes? A instável aliança matrimonial de duas cortes, que, ao ser publicado o poema, cedera espaço a outras obrigações. O general declara o interesse pessoal de quatro cabeças coroadas "bem público", e a preferência de milhares de súditos americanos cai na categoria de "bem privado". As palavras têm o sentido que lhes conferem os detentores do poder. "Vós sois rebeldes, se não obedeceis." Os índios passaram da metonímia originária, que justapunha os povos, à sinédoque, em que figuram como parte das monarquias ibéricas. A metonímia do discurso indígena é repelida pela gramática oficial. Vico dissera que a rudeza primitiva é cultivada pela poesia. Gomes Freire entende que a sinédoque deve ser imposta pela voz dos canhões.

Ante as ameaças do general, Sepé não vê modo digno de reagir senão entrar na luta desigual. O índio convoca inutilmente o princípio de "humanidade" para neutralizar a violência do conflito. Humanidade lhe significa ouvir o outro e respeitá-lo. Cacambo e Sepé conquistam pelo discurso nobreza não apoiada em longas cadeias ancestrais nem no poderio militar. Os argumentos e os valores por que lutam os colocam numa eminência que deita sombra sobre o general e seu exército. As armas podem aniquilar os falantes, mas não o discurso deles. E caberá a este, através de muitos mártires, a bandeira da vitória para o benefício de futuras gerações. O absolutismo agoniza. O futuro está próximo. Pensadores de proa ameaçam na velha Europa a estabilidade do monólogo. No discurso de Gomes Freire ressoam os últimos ecos do que já foi. O que será madruga na voz dos índios. Duas épocas se confrontam nas campinas das Missões. Basílio provoca nos discursos, que não reproduzem acontecimento histórico, tendências contrárias: absolutismo-autonomia, tirania-liberdade, sinédoque-metonímia, das quais teremos muitas versões literárias.

Findos os discursos e declarada a guerra, Gomes Freire despede os emissários. A troca de presentes entre inimigos, ditado por antigo preceito literário, pretende sublinhar a nobre generosidade do general, observada até no trato com bárbaros.

A ótica européia não cessa quando se desencadeia a luta. Guerreiros índios, pertencentes mais à natureza do que à civilização, saem de grutas como que nascidos da *terra*. O poema, extremamente econômico em alusões míticas, recorda nesse passo Cadmo, o lendário fundador de Tebas, que, por ordem divina, semeia os dentes do dragão abatido, donde nascem guerreiros ferozes, os *spartoi*. O mito, banido da esclarecida Europa, admite-se nas longínquas e incultas fronteiras da América, terra bárbara de monstros e de magia. Que pode contra o exército modernamente equipado o disparo de milhares de setas cem vezes repetido? O combate aos índios converte-se na luta do presente civilizado contra o passado inculto. Uma derrota dos paladinos da modernidade seria inconcebível. Não faltam nas fileiras bárbaras soldados intrépidos como Baldetta, Tatu-Guaçu, Caitutu, Sepé e Cacambo, todos eles com marcas individuantes. Personagens cuidadosamente caracterizadas tomam o lugar do anonimato da massa indígena de Bento Teixeira. Destaca-se Baldetta, o protegido do padre Balda. Ambos terão papel saliente na segunda parte do poema. O favorito do sacerdote foge em seu belo cavalo Jardim, derramando setas pelo campo, amedrontado com os tiros de pistola disparados pelo "nobre Gerardo". Escamosa pele de jacaré protege o peito do valente Tatu-Guaçu contra os projéteis disparados por armas de fogo, sendo detido a golpes de espada. Sepé, personagem semi-histórica, conhecido de refregas anteriores, faz proezas com suas frechas. Um tiro disparado pelo governador de Montevidéu lhe expõe as entranhas em ferida mortal. Morto o aplaudido guerreiro tape, os índios se dispersam, embalde animados pelo "rápido Cacambo". Embora valentes os índios, não se menciona nenhuma baixa no exército atacante. A máquina de guerra das nações civilizadas é de indiscutível superioridade. Inglória é a retirada indígena liderada por Cacambo. Pouco importa quem lidera os tiros, Gerardo ou o governador de Montevidéu. A submissão de todos ao poder central apaga diferenças. Individualidades surgem entre os índios indômitos. A luta deles, que se desdobra em duelos mais do que em ação militar conjunta, lembra os muitos combates da *Ilíada*. Heróis à antiga há entre guerreiros que não recebem o título de heróis. Silenciada a ira das máquinas de guerra, é na lição desses bárbaros que se deverá buscar o modelo da dignidade humana. Se os conflitos armados ainda fossem o que tinham sido antes da vinda de espanhóis e portugueses, a guerra estaria no fim. As tropas se retirariam aos seus territórios para chorar os seus mortos, preparar festins antropofágicos e planejar outras campanhas. Os guaranis, entretanto, tinham aprendido em luta secular com os brancos o exercício da guerra total. O *fogo* protege-lhes a retirada. Observa o narrador que o fogo, usado pelos índios em tempos de paz para regenerar pastagens, se transformara em arma para arruinar fontes de abastecimento do exército atacante, prolongando técnica usada desde o princípio da guerra. Ao fogo da artilharia os índios respondem com o fogo dos incêndios. A natureza em chamas afronta o ferro e o aço saído das forjas.

A magia, ausente em espaço civilizado, freqüenta insistente o território indígena. O sono de Cacambo é perturbado pela noturna sombra de Sepé – outro recurso derivado de Homero – para incitar o chefe à luta. Deplorável é a figura do companheiro morto, trazendo arruinadas as insígnias de guerreiro. A aparição noturna se desfaz em tocha fumegante que parte num caminho de chamas. Atravessando um rio a nado, Cacambo executa a ordem com a acostumada fricção de pedaços de madeira, retornando à pátria com a alegria do êxito. Atos ligados à sombra, à noite, à morte sucedem as cenas de fogo e de luz. Num poema em que Deus e os deuses estão ausentes, se a razão não dirige os atos, ingressa a fortuna e é esta que provoca perdas notáveis antes da chegada do exército, distante a vários dias de marcha; Cacambo levou quatro dias para chegar à "doce pátria" por caminhos tortuosos. Balda, que dirige a capital dos guaranis na ótica de Basílio – a cidade se parece muito a São Miguel – lança o índio triunfante numa "escura prisão" logo ao chegar. Insistindo na oposição sombra-luz, o narrador opõe a "escura prisão" à "luz do sol". Os atos obscuros do padre encobrem artimanhas sutis. Pretendendo unir Lindóia, a jovem esposa de Cacambo, bela nos seus "verdes anos", ao seu protegido Baldetta, Balda quis primeiro que o chefe perecesse na guerra. A manobra lembra as escusas artimanhas do Davi bíblico para se apossar de Batsebá, a bela esposa do general de seu exército em guerra. Frustrada a funesta expectativa, o próprio Balda, que recebe ironicamente os epítetos de "compassivo" e "santo" trata de eliminar o entrave, administrando-lhe veneno. Esqueça-se o deliberado desejo do narrador de denegrir a honra dos padres para justificar a extinção da Companhia de Jesus. Interessam-nos as engrenagens da intriga. O regresso de Cacambo abre a tragédia afetiva que envolve o jovem casal, desdobrando o poema em duas partes: conflito bélico e conflito amoroso, sendo que a primeira envolve a segunda, marcadas ambas com o selo da guerra. O corpo insepulto de Cacambo evoca outro exemplo clássico, a *Antígona* de Sófocles, tragédia em que o benefício da sepultura é negado a um dos filhos de Édipo. A falta de Balda é maior do que a de Creonte porque, enquanto o novo chefe de Tebas trata impiamente o corpo do atacante, o guia espiritual dos índios desonra um denodado defensor da pátria. As encobertas maquinações não escapam a Lindóia, que, infausta, só pensa em morrer. Os planos de morte são interrompidos por Tanajura, que, por artes mágicas, mostra Lisboa destruída por um terremoto seguido de incêndio, em 1755, um ano antes do ataque a São Miguel. Se as ruínas de Lisboa nada têm a ver com os sentimentos dos índios e as aflições de Lindóia, evocá-las interessa a Basílio, visto que entre os escombros anda Pombal, que com braço hercúleo erguerá nova cidade. Lisboa aparece na visão como uma jovem rainha desolada que entre edifícios despedaçados e em chamas é socorrida por um "Espírito Constante", "Gênio de Alcides", o "grande conde", o sábio ministro de José I. O notável estadista que poderá criar também luminoso futuro para os povos das Missões – esta é a associação – não alivia as dores de Lindóia, ainda que Basílio diga que a destruição da "infame República" dos guaranis vinga a morte de Cacambo. O narrador aquieta a inconsolável Lindóia com um leve sono, enquanto narra o avanço do exército português. O sono de Lindóia obedece mais a exigências narrativas do que ao desejo da atormentada viúva do herói assassinado.

Basílio inventa para o ondulado planalto da região missioneira uma gigantesca montanha, "que os infernos / Co' o peso oprime e a testa altiva esconde / Na região que não perturba o vento" (IV, 23-25). Tem-se a impressão de que o narrador deslocou parte da Cordilheira dos Andes para a margem esquerda do Uruguai. Necessitava da elevação a fim de descortinar no teatro da guerra cenas de paz campestre: longas campinas retalhadas de trêmulos ribeiros, claras fontes, lagos cristalinos, leves asas de lascivo vento, engraçados outeiros, fundos vales, arvoredos copados e confusos, plantas que de mãos dadas tecem compridas ruas, vagaroso gado, casas branquejando, altos templos. Paisagem estereotipada de paradisíaca paz. Quem sofre os horrores da guerra pode imaginar conforto maior? Que o exército se delicie com a visão do paraíso, enquanto o narrador onipotente retorna à cidade dos índios para contar como se desenrolou a solenidade de casamento organizado por Balda com o propósito de unir as vidas de Lindóia e Baldetta em afronta ao luto imposto pelas normas da decência. As exigências da unidade de tempo, a pressa do general em concluir a operação militar e a intensidade dos conflitos de Lindóia são fatores que levam o narrador a desrespeitar soberanamente preceitos que poderiam interferir no desenvolvimento de seus projetos narrativos. O autoritarismo do narrador segue o exemplo de sólidas soberanias. O narrador determinou que Lindóia case em segundas núpcias durante as primeiras horas de luto, e assim será. Para que o leitor seja convidado a participar com suas dúvidas dos movimentos da ação, a coroa dos reis deverá cair. Em lugar de solenidade fúnebre em honra do grande Cacambo, Basílio nos impõe festa nupcial. O narrador controla também a tópica das isotopias. Assistimos ao combate com a água, vimos guerreiros nasceram da terra, testemunhamos o efeito do fogo, trilhamos o caminho rumo à sombra, ingressamos agora na festa das cores. As portas do templo são douradas, o índio Cobé vem ornado com o amarelo forte do urucu. Penas vermelhas e negras enfeitam Pindó. Alude-se ao papagaio verde e ao peixe prateado. Penas azuis e cintas amarelas distinguem a antiga esquadra de Cacambo. Baldetta se apresenta com lança vermelha e plumas amarelas, trazendo ao ombro uma faixa verde. Tatu-Guaçu vem montado num cavalo negro como a noite. Donzelas revestidas de penas brancas aguardam Lindóia. O colorido condiz com o ambiente de núpcias. As cores transfiguram os guerreiros. A página escrita produz efeitos de tela. O quadro se completa com a figura cômica do irmão Patusca, gordo, avesso à guerra, afeito ao repouso e às delícias da vida, indulgente na moral, embora vocifere contra a degeneração da espécie humana. A minuciosa descrição de um padre cômico condiz com a exuberância das cores em dia de festa.

A cerimônia nupcial não prossegue em virtude da ausência de Lindóia, a noiva, cuja demora suscita preocupações. Os que indagam por ela foram advertidos por Tanajura de que entrara no jardim "triste e chorosa". Agora é a vez das plantas. Mencionam-se jasmins, rosas, branda relva, flores mimosas e o fúnebre cipreste que apóia o corpo de Lindóia, cingida pelos anéis de uma serpente. A arte de Caitutu que com uma seta mata a cobra sem ferir o corpo da moça não a livra da morte. O veneno do réptil já a imobilizara. Uma recordação literária evoca Cleópatra, a desditosa rainha do Nilo que com o efeito de uma picada ofídica se livrou da humilhação que lhe preparava o romano vitorioso. Não só em *Antígona* a morte é a porta pela qual a mulher escapa da tirania dos homens. Jardim chama-se o cavalo do noivo recusado, Baldetta. Houve intencionalidade de Basílio na escolha do nome? Seja como for, Lindóia foge desse jardim e busca o "bosque escuro e negro", o jardim da morte, o reino do esposo, embora isso não seja consolo, porque lá, observa melancolicamente o poeta, não há casamento ("se não ama") (III,198). Devem-se lembrar as mulheres de certas nações ameríndias que se entregam voluntariamente à morte para encontrar os maridos que já partiram? O exército ibérico avança. O fogo ateado pelos índios à cidade, não querendo entregá-la ao inimigo, é a pira que livra da voracidade dos corvos os corpos do casal que se amava.

Cinzas cobrem nos confins da América um mundo de ambições e de sonhos. Salva-se do incêndio a abóbada da igreja em que está representado o domínio universal da Companhia de Jesus. O escudo de Aquiles, na *Ilíada*, inicia o expediente épico de situar o território reduzido da guerra num amplo cenário, que abriga o universo das atividades humanas. Embora Basílio, no século de Lessing, saiba que a pena de ganso não reproduz as linhas do pincel, aceita o desafio de reproduzir em verso o efeito visual do mural. Trata-se, na verdade, de uma paródia de afrescos que tornaram famosos pintores italianos. Em lugar eminente, reservado a Deus ou a Cristo na pintura piedosa, vê-se entronada a Companhia de Jesus, ditando leis para o mundo inteiro. O mundo comparece com vilas, cidades, províncias e reinos. A cena lembra o diabo dos evangelhos ao mostrar o mundo a Cristo. Para caracterizar a tirania exercida sobre os povos pelo exército de Santo Inácio de Loyola, o pintor semeou o chão de cetros, coroas, tiaras e púrpuras. A autoridade que a Companhia assumira sobre papas e reis está estampada com dádivas corruptoras e ferros gotejantes de sangue. Basílio fere as leis da verossimilhança ao imaginar numa igreja jesuítica uma pintura que tão explicitamente incrimina a Companhia de Jesus.

O poema conclui com a ação militar sobre um povoado vizinho para capturar padres e índios fugitivos. Substituídos os protagonistas impostos pelo partidarismo do autor, o poema poderia encerrar como um canto de liberdade, doado por um exército que derruba opressores. Mas não é isso que se ouve nos versos finais: "cai a infame República" (V, 135). A hora da liberdade ainda não soou. O general vitorioso exige o que os índios aprenderam desde os primeiros contatos com os europeus: humilhação e obediência. Silenciadas as vozes livres de Cacambo e de Sepé, ouve-se a adoração sacrílega ao rei inimigo, imposta a rudes americanos prostrados. Estar prostrado é a posição consentida ao americano; não se tolera que exprima de pé os seus anseios. A subordinação é lei.

Como julgar Basílio do Gama? Dizer que imitou Camões e Tasso não basta. Em qualquer texto soam lembranças mais ou menos longínquas. Não é o papel da literatura convocar vozes donde quer que seja para a orquestra universal? Comprometido com o colonizador, Basílio produziu a epopéia da conquista. E isso é original. Almeida, o herói, representa satisfatoriamente o conquistador humanitário. Dói-lhe o sofrimento dos vencidos. Para o bem deles, preferiria que se entregassem sem luta. Para esse comportamento não há modelo na Antiguidade ou entre os povos indígenas. Em Almeida, até a bondade é subserviente à conquista. Se a brandura não opera a submissão, fale o arsenal. Dever dos conquistados é ajoelhar-se, admirar, bem-dizer, adorar. O contrário atrai a repressão.

Sobrevive em Basílio o jesuitismo renunciado, o jesuitismo que desde o princípio se opôs à dominação brutal, embora comprometido com o colonialismo. Não se reprove nos jesuítas o empenho de cristianizar; esta era a sua tarefa. Confrontada a cultura européia com a cultura ameríndia, trocas eram inevitáveis para o benefício de ambas. Se as relações tivessem se mantido em intercâmbio livre, não haveria o que recriminar. Questionável é a oferta com inequívocas conotações de imposição. Inaciana ou não, impositiva é a conquista, e Basílio soube transformá-la em poema. Bastante poeta, logrou dar a palavra à outra voz, à voz dos vencidos, contra compromissos políticos assumidos. E essa voz, abafada ainda, deverá dominar um dia, a voz da dignidade, a voz do homem livre. Observamos a gestação dela no século XVIII, o século da primeira declaração dos direitos humanos. Ao fazer os índios falar, Basílio traduz a profundidade de seus anseios. Não houve no Brasil pré-colombiano algo que lembre as monarquias do México e do Peru. Ao contrário do que se passava nos Andes e no sudoeste da América do Norte, os povos indígenas do Brasil mantiveram a autonomia tribal. No discurso de Cacambo ressoam milênios de tradição oral e é nessa, não em sinais exteriores (plumas e arcos), que emboca a cultura do Brasil. O *Uraguai* com o seu jogo de luz, de cores, de plantas, de fogo, de terra, de água, de ar e de sons recolhe do solo brasileiro os elementos apropriados à construção de um mundo múltiplo, livre de hegemonias.

Não se insista na dívida de Basílio a Tasso. Identificados poucos versos que lembram *Jerusalém Libertada*, a diferença é palmar tanto no tamanho como na própria concepção do poema. Ao gosto maneirista, Tasso transforma a realidade em sonho. Nos cantos finais, Jerusalém depondo identidade histórica se espiritualiza. Espiritualizada, mais importa libertá-la de maléfica opressão demoníaca do que tomá-la ao domínio árabe. No *Uraguai* a fé é que é opressora e por liberdade se entende o resultado da anulação da tirania da fé. Acabou o sonho medieval da espiritualidade de Jerusalém ou de Roma. Triunfa a monarquia maquiavélica, triunfa a razão (as razões de Estado) sobre a fé. A iluminação já não vem dos padres, estes enganam; a iluminação tem outra fonte agora: a razão. A largueza maneirista que se desdobra em muitos meandros é abandonada em favor de proporções claras como as do rococó e do neoclássico na arquitetura. O *Uraguai* anuncia o despertar de sonhos (sejam os sonhadores Torquato Tasso ou Bento Teixeira) para a realidade crua da América ferida, em que o troar da artilharia escavou lagos de sangue.

O Colapso do Império Indígena

Saltando sobre os tempos em que as fronteiras do Brasil se dilataram, Santa Rita Durão chega às origens com a intenção de estabelecer os fundamentos do território e da etnia brasileiros. Elege um episódio em que mito e história, confundidos, facilitam o trabalho da imaginação. Sendo menor o compromisso de Brandão com documentos do que o de Basílio, menores são os entraves à recriação poética. A filiação ideológica algema-o, entretanto, com tenacidade igual. A poesia do século XVIII mostra-se amarrada como a da centúria anterior não esteve. Recusadas as medidas extremas da política de Pombal, oportuno é o momento para reabilitar o trabalho eclesiástico que Basílio com tanta veemência condenou. O rijo confronto das idéias solicita no século das luzes posições definidas. Durão constrói o poema em torno de Diogo Álvares Correia (Caramuru), explorador legendário que atuou no recôncavo baiano antes da vinda de Tomé de Sousa, o primeiro governador-geral.

A estrofe que entesta o poema abre janelas aos olhos do intérprete:

De um varão em mil casos agitado,
Que as praias discorrendo do ocidente
Descobriu recôncavo afamado
Da capital brasílica potente;
De filho do trovão denominado,
Que o peito domar soube à fera gente,
O valor cantarei na adversa sorte,
Pois só conheço herói quem nela é forte.

Com a medida dos versos, a construção das estrofes, a disposição das rimas, o manejo da sonoridade, Durão homenageia Camões, apartando-se dele no decurso da homenagem. Restaurando a lição virgiliana contra o camoniano povo de heróis, o poeta concentra a ação em um só, técnica em que Basílio, por motivos similares, o antecedeu. Entre partir da "ocidental praia lusitana" e percorrer as praias do Ocidente há notável diferença. Como os atos do descobridor e do conquistador divergem, diferentemente se configura o heroísmo. Tarefa do conquistador é conformar ("domar") a "fera gente" aos interesses da civilização. A metáfora não corrige a conotação primeira de "domar": submeter seres bravos ao homem. Violenta é a pedagogia da doma, incida sobre homens ou animais. O descobridor vê, o conquistador submete. A violência, ingênita no trabalho do conquistador, o isola, torna-lhe adversa a sorte. Para domar homens, não basta controlar-lhes a força física. Enquanto não se dobra a inteligência, enquanto não se quebra a vontade ("o peito"), a rebeldia não cessa. Visto que domar homens não consta do elenco das virtudes do herói antigo, somos brindados com novo modelo. Definida, no proêmio, a linha mestra da narrativa, caracterizada está a tarefa da epopéia da conquista.

Simbólico é o naufrágio de Diogo. Emerge das águas rebeldes do Atlântico para um outro mundo, soterrado, antigo, o da antropofagia, de que na velha Europa se guardam vagas lembranças, preservadas, por exemplo, nas façanhas de Crono, chamado Saturno pelos romanos, que devora seus filhos. O que lá vestiu as roupagens do mito aqui é real. Apoiado pelas luzes do século XVIII, Santa Rita acentua a repugnância que provocam em mentes iluminadas banquetes antropofágicos. Estes, unidos à poligamia, são destacados para justificar a destruição "civilizadora", trazida pelos conquistadores à floresta tropical. Identificados usos ofensivos à ética européia, nada se vê da complexa estrutura da sociedade indígena. Por que demorar-se no exame de outra cultura, se impor a própria era o objetivo? Em foco estava a justiça da severidade disciplinar e o castigo divino sobre crimes infandos para justificar a matança, purificadora do território.

Fora da trituração não há modo de náufragos conviverem com antropófagos. Se o náufrago não vencer os antropófagos, será devorado. A lei da antropofagia é esta: devorar ou ser devorado. Dominar (obrigar o dominado a fazer o que ele não quer, decidir por ele) é um modo de devorar. A seriedade da situação se caracterizou, quando Sancho, ferido e agonizante, foi o primeiro a ser desumanizado em alimento. Os outros seriam sacrificados no momento em que tratamento adequado lhes tivesse devolvido a robustez. Diogo, por estar doente, teve a fortuna de mais dilatada sobrevivência. Contra o relato dos cronistas, Durão salva os seis companheiros de Diogo com um golpe de sorte. A cerimônia sacrificial já estava em andamento quando a tribo que os aprisionou foi atacada por inimigos. O narrador lançou mão desse recurso para, com a inesperada liberdade, remetê-los a um futuro incerto. Com a fuga dos destinados ao sacrifício, Diogo está só. Armado de soldado, traça o seu destino na América. No século das luzes, não o socorrem Deus ou os deuses, mas as armas; ou Deus, através das armas. A técnica usurpa a força do sobrenatural. Basta o estrondo de alguns disparos de espingarda para afugentar milhares de inimigos e ser recebido como hóspede na cabana do chefe, Gupeva.

Durão refere-se à posse da terra, mas esse motivo é recoberto por interesse sentimental. Diogo, ao ver Paraguaçu, aparição ctônica, elege-a para esposa. Substituir causas econômicas por afetivas é prática tão antiga como a literatura ocidental. É mais razoável supor que os gregos tenham atacado Tróia para se apossarem dos campos de trigo às margens do Mar Negro. Mas foi Helena que Homero elegeu como pomo de discórdia e foi ela que para sempre ficou na memória dos que recordam aquele remoto conflito entre asiáticos e europeus. Paraguaçu passou às mãos de Diogo com menos esforço. Aliás, ele a tomou de Gupeva sem esforço algum. Embora a moça vivesse na cabana do chefe, por lhe ter sido oferecida como esposa, o índio a cede no instante em que noiva e hóspede entram em entendimento. Humilhado por Diogo, Gupeva já se comporta como devorado. O índio entra na última versão da antropofagia, a européia, a civilizada: triturar o outro sem extingui-lo de todo, destruir a fé, a vontade e a inteligência, sugar-lhe o sangue enquanto os ossos o mantiverem de pé. Nessa relação, não se espere de Gupeva conduta de chefe e de homem. Ele é um instrumento às ordens de Diogo.

Caramuru se declara unido a Paraguaçu sem tocá-la. Munido de virtudes de que se orgulhavam cavaleiros medievais, ele a protege intocada até que possam celebrar núpcias em circunstâncias próprias. A razão domina a paixão. Estamos num poema podado de conflitos afetivos. Durão prefere enfatizar o confronto armado de brancos e índios. Com exceção de Moema, não se encontram em *Caramuru* paixões violentas. A razão esclarecida neutraliza os focos de conflito. Há antropofagia, mas esta, embora costume secular, um só homem, Caramuru, desarraiga sem protestos de monta. Moema, por dirigir a violência dos afetos a quem já estava comprometido com outra, cai na categoria do amor proibido. Afogando-se no mar com outras índias desditosas por amarem Diogo, simboliza o triunfo da fidelidade conjugal, o naufrágio da poligamia. Diogo, distante e frio, não derrama uma só lágrima pela amante infeliz. Os males que estigmatizam os índios gradativamente sucumbem. Diogo e Moema se repelem como razão e paixão. A paixão fica com a índia, filha de povos de que a razão não aparou arestas. A conseqüência da paixão desenfreada é exemplarmente drástica: a morte. Assim já foi em Virgílio, assim ainda é no mundo salvo pela inteligência do obscurantismo barroco. Com sua luta indômita para alcançar a meta dos seus sonhos, Moema constrói uma personalidade que Paraguaçu não tem. Derrotada, não a devoram os inimigos como é costume de sua gente. Cabe-lhe a glória de ser absorvida pelas ondas eternas do mar impetuoso. Durão muda as Nereidas de Homero, deusas, em mulheres sujeitas ao destino de toda carne.

A ação militar se concentra no grande ataque indígena comandado por Jararaca. O contingente das forças atacantes é fantástico: trinta mil caetés, vinte mil ovecates, seis mil agirapirangas, doze mil itatis, quarenta mil sapucaias (entre os quais avançam dez mil amazonas), dez mil pitiguaras.

Somem-se a estes os carijós, cujo território sobe até o Peru, enfeitados de ouro. Gupeva defende o seu povo com trinta mil guerreiros, além de seis mil que ouvem o comando de Taparica. Contem-se ainda as mil amozanas (?) – ela não é carijó? – chefiadas por Paraguaçu. Durão concentra no recôncavo baiano mais de duzentos mil guerreiros! Não se esqueça a população civil. O poeta cogitou da alimentação de toda essa gente? Subtraído o recurso à antropofagia, severamente proibida por Caramuru, como corrigir a falta de proteína? Não se façam ao poeta exigências alheias às suas preocupações. Trava-se na região da futura primeira capital brasileira a maior batalha da América. Para quê? Para capturar Paraguaçu, a Helena dos sertões. Não consta que o gosto estético dos índios se tenha apurado ao ponto de se porem em armas, dos Andes às margens do Amazonas, para satisfazer o desejo de um só, Jararaca. O suprimento de carne humana corresponde melhor ao desejo dos índios como *causa belli*. Mas para alcançar isso bastam conflitos regionais. Durão, ao gosto neoclássico, oferece índios helenizados aos cultivados leitores europeus. Jararaca, condutor de povos, se levanta como uma espécie de Agamênon homérico. Mas o brilho da vitória cabe ao Aquiles dos novos tempos, munido de espingarda e pólvora, Diogo Álvares Correia, o Caramuru. Basta o estrondo de sua espingarda para pôr em fuga centenas de milhares. A que distância ouvia-se o estampido? Não importa. Argumentos técnicos não perturbam nem em era científica a verdade poética. E a verdade poética declara que o náufrago português, Caramuru, além de conquistar com uma só conversa a mais bela mulher do Continente, afugentou, com enorme economia da escassa munição, perto de duzentos mil índios. Jararaca, derrotado em terra, ousou imprudentemente recuperar superioridade num ataque fluvial, conjeturando que o poder do fogo seria ineficaz na água. Pobre índio! A desinformação de históricas batalhas navais roubou-lhe a honra e a vida. O poder universal da pólvora encerrou a insensata ambição de Jararaca. Uma guerra iniciada por motivos sentimentais e estéticos teve graves conseqüências políticas. Os chefes indígenas, assombrados com o poderio sobre-humano de Caramuru, inclinam-se diante dele em busca de proteção, oferecendo-lhe as filhas em casamento para selar a aliança. Caramuru, convictamente monogâmico, aceita a submissão, recusando as alianças matrimoniais. Para concretizar os seus devaneios, basta-lhe o afeto jurado de Paraguaçu. A voluntária submissão dos vencidos converte Caramuru numa espécie de imperador do Brasil. Isso na ótica de um escritor de fins do século XVIII! Ficção histórica legitima o vasto território brasileiro. A poesia transforma a conquista em doação voluntária.

Paraguaçu sublinha a legitimidade do avanço português na América em aberto desrespeito ao Tratado de Tordesilhas. Nos combates que trava ao lado de Diogo, a índia lembra a gentia Clorinda de Torquato Tasso, sem os óbices que situam em *Jerusalém Libertada* os enamorados em campos opostos. Voltando da Europa, batizada com o nome de Catarina e casada na catolicíssima França, tendo como padrinhos nada menos do que o casal real, Paraguaçu recebe dos índios, que não esquecem a fidelidade devida, homenagens de rainha. Os soberanos do Brasil, Diogo e Catarina, abdicam humildemente do poder em favor do rei de Portugal, através do primeiro governador-geral do Brasil, Tomé de Sousa.

E, se princesa me chamais sublime
Dos vossos principais nascida herdeira,
Se ao grão-Caramuru, que o raio imprime,
Jurastes vassalagem verdadeira,
Ele da sujeição tudo hoje exime,
Cedendo ao trono luso a posse inteira,
E eu do monarca na real pessoa
Cedo todo o direito e entrego a c'roa [X, 69].

A soberania e a submissão de Paraguaçu não têm nada de indígena. Se a autoridade dos chefes índios nesta parte da América nunca ultrapassou o âmbito de suas tribos, causa de conflitos sem fim, como poderiam oferecer a Paraguaçu o título de rainha, conceito que lhes era estranho? Os índios não jurariam vassalagem a Caramuru, mesmo que tivessem sido mil vezes vencidos. O desejo de vingança, fonte das guerras, geraria a cada derrota novos motivos de revanche. Se os índios não reconheciam outra autoridade além daquela que se apresentava concretamente, como poderiam reconhecer-se submissos a um rei invisível e distante? O governo impalpável tinha sentido para cristãos, súditos de Deus, soberano que não se vê, mas nunca para povos presos ao aqui e agora, fonte de notória volubilidade, tantas vezes repreendida pelos padres. A epopéia de Santa Rita obedece notoriamente aos propósitos do imperialismo da coroa portuguesa. Vencidos os antigos moradores da terra, os novos ocupantes buscam legitimar a presença, refazendo a história. O Brasil como voluntária concessão dos indígenas tranqüilizava a consciência dos exploradores e assegurava a inexistência de revolta nas regiões conquistadas. O comportamento submisso de Paraguaçu retrata a rendição do Brasil. Os conquistadores recebem o Brasil como uma fêmea bela, sedutora, encantada e obediente. Olavo Bilac expressa esse mesmo sentimento no soneto "Brasil":

> Pára! Uma terra nova ao teu olhar fulgura!
> Detém-te! Aqui, de encontro a verdejantes plagas,
> Em carícias se muda a inclemência das vagas...
> Este é o reino da Luz, do Amor e da Fartura!
>
> Treme-te a voz afeita às blasfêmias e às pragas,
> Ó nauta! Olha-a, de pé, virgem morena e pura,
> Que aos teus beijos entrega, em plena formosura,
> Os dous seios que, ardendo em desejos, afagas...
>
> Beija-a! O sol tropical deu-lhe à pele doirada
> O barulho do ninho, o perfume da rosa,
> A frescura do rio, o esplendor da alvorada...
>
> Beija-a! É a mais bela flor da Natureza inteira!
> E farta-te de amor nessa carne cheirosa,
> Ó desviginador da Terra Brasileira!

A revolta modernista contra a subserviência brasileira, gerada no período colonial não espanta. Flagra-se o eurocentrismo do poeta também na manipulação da religião indígena. Entesta o poema uma lenda que é um vaticínio. Haveria no alto de um morro na Ilha do Corvo (Açores) uma profética estátua a apontar a América. Fernando, um dos prisioneiros, conta que Áureo, um santo, fora levado por um anjo à América com a incumbência de falar de Deus e da redenção a um índio moribundo. O santo lhe fala da criação, da trindade, de Cristo, e o convida à conversão. Guaçu, assim se chamava o índio, declara horror aos costumes dos seus, mostra conhecimentos de Deus e reconhece a necessidade da redenção nos males do mundo. Batizado por Áureo, a alma de Guaçu sobe ao paraíso, enquanto o corpo é levado ao Ocidente, transformando-se na misteriosa estátua dos Açores. A lenda, ao espiritualizar a conquista, define a ótica eurocêntrica da religião dos tupinambás, atribuindo-lhes até o monoteísmo. Sabe-se que à religiosidade mágica dos tupinambás eram alheias representações antropomórficas das forças divinas. Foi estratégia dos missionários erigir – para espanto dos índios – Tupã, um espírito ligado ao raio, em Deus criador e mantenedor do universo. Santa Rita, ignorando a ressemantização cristã, apresenta-a como primitiva. Atentos à longa exposição de Gupeva (III Canto) sobre Deus, a imortalidade e a vida no além, vem-nos o sentimento de acompanhar a exposição de um teólogo católico. As exclamações de admiração de Diogo ante o exposto não excedem o entusiasmo em ver o próprio refletido no outro. O europeu não sai do estreito círculo traçado em torno de si mesmo. As semelhanças atraem o poeta; não, as diferenças. Convicto da unidade da espécie humana e da convergência de seu destino, teoriza sobre a origem do mito. No estágio em que os ameríndios se encontravam agora, os europeus tinham vivido em tempos remotos. Não espanta que os tupinambás queiram deificar Diogo, assustados com o estrondo. Movidos pelo mesmo temor, gregos e romanos inventaram Júpiter, Apolo e Marte (II Canto). Colhem-se desses e de outros fatos argumentos para afirmar a bondade natural do homem, pervertido pela cegueira do pecado. A observação confirma ainda a infância do índio, ostensiva, quando confrontado com o evoluído europeu. Visto que o mal não atingiu a essência, cabe à pedagogia, que pode ser violenta, reconduzir o homem à origem não-contaminada, ponto de partida e de chegada de todas as culturas. Para Durão, reencontrar os índios significa entender-se a si mesmo, o seu próprio passado e o de sua gente.

A conquista, anunciada pela estátua profética, se prolonga na visão de Maria. Retornando da Europa, Paraguaçu tem um sonho extenso, em que a Virgem revela a vitória portuguesa sobre franceses no Rio, sobre holandeses na Bahia e em Pernambuco. A antevisão do futuro, confiada por Camões a uma divindade greco-latina e por Basílio a uma feiticeira guarani, passa agora ao domínio de Deus a quem se reconhece o poder de revelar. No século das luzes, luminoso se torna o sonho. Rejeitado o sonho diabólico, deformador, maneirista, esplende o sonho fulgente da revelação divina.

A atração que Paraguaçu exerce sobre Diogo não quebra a norma da permanência do idêntico. Leia-se a caracterização de Paraguaçu:

> Paraguaçu gentil (tal nome teve)
> Bem diversa de gente tão nojosa,
> De cor tão alva como a branca neve,
> E donde não é neve, era de rosa;
> O nariz natural, boca mui breve,
> Olhos de bela luz, testa espaçosa;
> De algodão tudo o mais, com manto espesso,
> Quanto honesta encobriu, fez ver-lhe o preço.

Como explicar a maravilha de uma pele branca entre gente escura? É cedo para argumentar com leis genéticas. Basta aceitar que para Deus não há impossíveis. A teologia setecentista tem ainda outro motivo. Sendo o branco a cor da inocência, branca deveria ter sido a tez do casal no paraíso, configurando-se como degenerescência as demais tonalidades. Mesmo querendo unir europeus e americanos para constituir outra raça com a fusão das duas, Durão não transige com os padrões europeus quanto a cor e forma. Os movimentos renovadores de fins do século XIX e princípios deste ousariam procurar em culturas exóticas linhas estranhas aos modelos da Antiguidade clássica à maneira do barroco como se vê nas pinturas das igrejas de Minas Gerais e na estatuária de Aleijadinho. O iluminado Durão rejeita excrescências que tais. Contra deformações barrocas, adere escancaradamente à ideologia do branqueamento. Instalando-se rigorosamente na mesmice européia, não vê beleza além do classicismo renovado. A exaltação da raça branca com as suas características provoca a primeira grande guerra do Continente. A posse da índia excepcional, só ela branca como a neve, põe a imensa liga das nações indígenas em marcha. Nunca a subserviência de outros matizes ao branco foi tão eloqüente. Diogo não contente em acentuar as peculiaridades européias aqui, leva Paraguaçu a Paris, luminoso centro das coroas européias nos tempos de Durão. A reação da índia ante a magnificência da cidade que no século XVIII conquistou o prestígio de padrão universal não contradiz o que se espera:

> Paraguaçu, porém, que jamais vira
> Espetáculo igual, suspensa pára:

> Nem fala, nem se volta, nem respira,
> Imóvel a pestana e fixa a cara;
> E cheia a fantasia do que admira,
> Causa-lhe tanto espanto a visão rara,
> Que estúpida parece ter perdido
> O discurso, a memória, o voz e o ouvido [VII, 3].

Qualquer palavra empobreceria a riqueza da emoção. O discurso hegemônico que envolve o globo provoca o silêncio dos enfraquecidos. O discurso único requer a garantia da admiração silenciosa. Quantos sul-americanos, depois de Paraguaçu repetiram o gesto da "rainha"!

No banquete nupcial que Henrique e Catarina oferecem aos nubentes, Diogo vem à fala. O aventureiro abre na sala requintada as portas a um mundo de sonhos. Discorre sobre uma terra paradisíaca sem gente (que esta incomoda!), feita só de rios, frutos, ervas, legumes, flores, árvores, animais e peixes. O discurso alimenta o sonho de convivas cansados das restrições que a vida requintada impõe. Santa Rita, titubeante entre a época do narrado e a do narrador, não cai no anacronismo de seduzir com ouro a avidez européia. O país que escondeu os tesouros longe do litoral orgulha-se da fecundidade do solo. Diogo lembra as recompensas econômicas que auferem os que se dedicam à cultura da cana, do milho, do tabaco, da mandioca. A riqueza da descrição expressa o orgulho do conquistador, regiamente pago com produtos da terra pelos custos da conquista. Atente-se para a indumentária real do ananás:

> Das frutas do país a mais louvada
> É o régio ananás, fruta tão boa,

Que a mesma natureza namorada
Quis como a rei cingi-la da coroa.
Tão grato cheiro dá que uma talhada
Surpreende o olfato de qualquer pessoa;
Que, a não ter do ananás distinto aviso,
Fragrância a cuidará do Paraíso [VII, 43].

 Esta não é a visão índia da selvagem bromeliácea. Se a fábula criou um rei para os animais, quem proibirá a Diogo inventar uma cabeça coroada a que se submetam as plantas? Durão não descreve, louva, como já o tinham feito os cronistas. O louvor autoriza deformações subjetivas. Dócil como Paraguaçu se oferece a natureza ao olhar enamorado. No humilde ananás exaltado concentram-se os sonhos eróticos ("namorada"), econômicos e soberanos do conquistador.
 A França, reconhecendo a autoridade que Diogo desfruta no Brasil, negocia com ele o futuro da nação. Através de Du-Plessis, capitão de navio, o rei lhe faz a proposta de tornar o Brasil feudo francês. Na visão de Santa Rita, Diogo delibera sobre o futuro da terra. A idéia é revolucionária. Se Diogo tem o poder de decidir a que nação européia confiar a proteção do vasto território, nada obsta que o declare independente. Isso Durão não diz, mas, ficando implícita, a possibilidade da autonomia aqui madruga. Fermentam as inquietações que eclodem na Inconfidência Mineira.
 Diogo, português, e leal ao rei de Portugal, oferece à França acesso ao comércio, mas a soberania, pela proximidade e prioridade do descobrimento, será de Portugal. Abrindo à França os portos de Bahia, Diogo toma decisões de soberano. O mítico conquistador do Brasil cria, na verdade, dois vínculos; político, um; cultural, o outro: "Serei

francês na obrigação e na agência". Culturalmente franceses, em parte, no século XVIII, os livros importados da França nos fizeram sonhar com a república, livres do jugo português. Da dependência política nos libertamos cedo, a outra durou mais. Querendo libertar-nos do peso da cultura européia, avassaladora nos primeiros anos deste século, inventamos durante o decênio de 1920, cem anos após a independência do Brasil, a antropofagia cultural. Era o modo de reatar os vínculos com uma profunda tradição nossa, tornando-a aceitável. Consumindo idéias européias, reconhecíamos a superioridade dos europeus. Rendíamos homenagem a eles, devorando-os, fiéis às normas da antropofagia antiga. Devoramos muito, às vezes mais do que era salutar, mais do que podíamos digerir e, em muitas áreas, não conseguimos libertar-nos do jugo dos cérebros que deglutimos. Mas preservamos o direito de negociar, idéia que tão oportunamente ocorreu a Santa Rita. Desde o século XVIII, a tendência nos é consciente, primeiro passo para sair da menoridade e falar como adultos linguagem adulta.

5

A RETÓRICA DO DOMINADOR DOMINADO

Sermão pelo Bom Sucesso das Armas de Portugal contra as de Holanda

Revolucionária na abertura dos mares, a administração portuguesa teme revoluções. Recebe a invenção de Gutemberg como recurso e ameaça. A divulgação da imprensa poderia favorecer a proliferação de idéias nocivas ao governo. A margem poderia conspirar contra o centro. Por isso a vigilância. Proibiu-se a instalação da imprensa nas colônias. Na América portuguesa, floresceu a sermonística e o teatro, prolongando nas terras conquistadas a oralidade da Europa medieval. Navegamos nas cabeceiras da tradição oral brasileira, que, resistente à apropriação da escrita, eleva o índice de iletrados, reservando a poucos o privilégio de freqüentar a página impressa.

O pregador lembra o ator, na gesticulação, na entonação, na recitação de um texto previamente elaborado. Ao espetáculo não falta o coro da tragédia antiga, papel exercido pelo canto e pelas orações dos fiéis, intervenções que sublinham o falado em cena, o púlpito, à maneira dos coreutas na tragédia. Vieira hostiliza o espetáculo vazio nas referências desairosas à teatralização sermonística; consagra, entretanto, o drama didático, na teoria e na prática. Vieira humaniza a personagem com que se põe a discutir, Deus. Se nos sonhos de Michelangelo, a magia da visão arrancava corpos vivos dos blocos de pedra, Vieira os desenhava aos olhos da imaginação com o poder da palavra. A pedagogia jesuítica acolhia com apreço o espetáculo teatral. Fantasia e realidade, irmanadas, disputam o mesmo grau de credibilidade. Na vigência do sermão, a descrença, abolida, está fora de lugar. A devoção favorece a persuasão. Em apoio à teatralidade, Vieira visualiza os argumentos, ilustrando-os com episódios bíblicos, distantes. O sermão, acumulando cenas desobedientes às unidades de tempo e de espaço, lembra procedimentos do teatro maneirista. Unidades temáticas desenham amplo painel de semelhanças. Os hebreus antigos, distanciando-se dos helenos – para quem no dizer de Heráclito os olhos são testemunhas mais acuradas que os ouvidos – privilegiavam os ouvidos em detrimento dos olhos, razão por que reprimiam as artes plásticas e cultivavam a profecia com argumentos que, dirigidos aos ouvidos, suscitavam a fé. O protestantismo, iconoclasta e arauto da fé, elegeu o caminho dos hebreus; o catolicismo, plástico, arquitetônico e teatral, preferiu a conflituosa conciliação de hebraísmo e helenismo.

Sermão é ação, o texto bíblico é código: congrega, abre o território de anuência, em que sermonista e fiéis confraternizam. As acostumadas citações do texto sagrado são proferidas em latim, a língua da igreja católica com pretensões a universal. O latim soa com o prestígio dos antigos senhores do Ocidente civilizado, os governantes de Roma; soa com o peso da erudição medieval, consagrada por sólidos tratados; soa com a respeitabilidade da instituição que, apoiada no idioma de doutores e de césares, atravessou triunfante séculos e mares.

O latim define posição histórica e hermenêutica. Confronta-se com o idioma original, o hebraico do Antigo Testamento, a língua da sinagoga, lugar em que se reúnem os que resistiram à cristianização; confronta-se com o grego, a língua do Novo Testamento, vulgarizado até em Roma nos primeiros dois séculos da era cristã e, agora, restrito ao grupo que por primeiro rompeu os vínculos com o catolicismo romano, os gregos ortodoxos; confronta-se com as línguas nacionais, eleitas pelos protestantes (os seguidores de Lutero e de Calvino), perigosamente instalados nas capitanias setentrionais. O latim que o orador interpreta para as necessidades presentes vibra nas arcadas como confissão, como definição. Latim em terra de índios? Índice da fé e do império, o latim resiste como instrumento de comunicação e de conflito, oculta e revela. Não tendo a neutralidade das línguas naturais, o latim responsabiliza quem o usa. O português, a língua que traduz e interpreta o latim eclesiástico, já não goza do prestígio que teve em dias melhores. Triunfante é a língua dos espanhóis, senhores das conquistas lusitanas depois do fracasso de Alcácer-Quibir; triunfante é a língua dos hereges batavos, que, depois de libertos do jugo ibérico, ousaram arrebatar dos antigos mandatários produtivos territórios ultramarinos. Vieira está numa guerra de soldados, crenças e textos. Citando latim e falando português, o pregador se define e se opõe.

Corre o ano de 1640, o último da sujeição de Portugal à coroa espanhola. Os holandeses, donos dos prósperos canaviais de Pernambuco desde 1630, voltam a ameaçar a Bahia. Maurício de Nassau, agressivo e solerte, cobiça a sede colonial da administração ibérica, praça de guerra que, tomada, lhe franquearia a passagem às capitanias do Sul. Sob a ameaça da esquadra holandesa, Vieira sobe ao púlpito e profere o "Sermão pelo Bom Sucesso das Armas de Portugal Contra as da Holanda", objeto desta análise.

Vieira conhece o florescimento econômico e o poderio naval do inimigo. Muitos dos seus ouvintes são fazendeiros que, fugidos das terras invadidas, buscaram refúgio no recôncavo baiano. Vendo humilhada, ferida e acossada a pátria portuguesa, Vieira recorda o passado grandioso, a época em que as naus que partiam do Tejo demandavam terras distantes. Vêm-lhe à memória, como a outros portugueses depois da perda da autonomia, os versos triunfalistas de Camões. A fama, que o autor de *Os Lusíadas* não teve em vida, cresce com a humilhação sofrida pelo exército português ao Norte da África. Dezenas de poetas homenageiam Camões, tomando *Os Lusíadas* por modelo. O ritmo soberbo alimenta a saudade dos tempos gloriosos. Com ressonância camoniana, o pregador recorda os antepassados que dilataram a fé e o império, avançando por mares nunca dantes navegados. Evocando virtudes e tempos que não existem mais, Vieira compromete-se aqui e alhures com as fantasias de letrados e sonhadores ridicularizados por Cervantes nas insólitas aventuras da cavalaria andante. Vieira, tão prático e tão sábio em outros momentos, oscila entre a realidade e o sonho, indecisão flagrada em tantas pinturas da época. O leitor de Vieira acompanha os debates de D. Quixote e Sancho Pança no interior da mesma personalidade.

Vieira baseia o sermão no Salmo XLIII (XLIV em outras versões). Justificado por antiga prática alegórica, que permite ler o texto em sentido diferente do literal, o sermonista vê o Brasil num cântico escrito por Davi, o glorioso e piedoso rei de Israel. Vieira desconsidera que o monarca, ao compor o salmo mil anos antes de Cristo, reinava poderoso sobre uma nação vitoriosa. Importa-lhe a expressão de protesto e de súplica do rei-poeta, adequada às presentes aflições da pátria humilhada. Para essa reorientação hermenêutica, deve-se considerar o texto separável – e Vieira o separa – do contexto original. Não pode a Escritura, se quiser alcançar universalidade, estar algemada à época, à cultura e à língua em que se origina. Muito antes da crítica contemporânea, a exegese bíblica pleiteou a autonomia textual. Amparado por ela, Vieira lê nos versículos de Davi as dificuldades de sua gente e de seu tempo. Ouvem-se as dores de Portugal – e do Brasil sobretudo – nas palavras do pregador que deslumbra os fiéis com raciocínios ágeis, períodos amplos e sonoros, em manhã de domingo na Igreja de Nossa Senhora da Ajuda.

A hermenêutica bíblica é prática de exilados. Surgiu no exílio babilônico, silenciada a voz enérgica dos profetas de Israel. No silêncio dos locutores da mensagem divina, no silêncio de Deus, rabinos, especialistas do texto sagrado, se põem a orientar os que indagam o sentido dos eventos. A hermenêutica se empenha em manter vivas as palavras ditas a outra gente, em outro tempo, em outro espaço. Que outro recurso resta aos feridos pela distância? Os anos agravam ausências. O hebraico dos profetas não é a presença de Deus, a Escritura não é a palavra viva, a exposição do hermeneuta não é a página escrita, a tradução latina não é o texto original, português não é latim, os períodos empolados de Vieira não reproduzem o falar pedestre dos ouvintes. A hermenêutica declara e aprofunda o exílio. Vieira, o exilado, fala a exilados, aflitos por exílios sofridos e a sofrer. A hermenêutica, consolo de exilados, renova o empenho de manter aceso o lume do sentido em dias adversos. Do texto antigo, amparo de muitas gerações, o intérprete deriva consolo para as aflições correntes. "Desperta, Senhor", clama o pregador. A ordem de despertar dirige-se também ao texto escrito em outra terra, para outra gente, há muitos e muitos anos.

Visto que o sem-sentido mata a esperança e a vida, cabe aos intérpretes, renovadores do sentido, função permanente. O texto antigo, subjacente, garante a confiança, a sacralidade, a intemporalidade, a verdade. O texto novo, o sobreposto, o sermão, ajusta o agora ao de sempre. O sentido se alimenta desse hiato. Ou, nas palavras de Vieira:

> Com estas palavras piedosamente resolutas, mais protestando que orando, dá fim o profeta rei ao Salmo quarenta e três, Salmo que desde o princípio até o fim não parece senão cortado para os tempos e ocasião presente.

Outros sentidos há. Vieira menciona um deles, o de São Jerônimo, que entende o texto conveniente a todos os territórios católicos assolados por inimigos da fé. Sem contestar a autoridade eclesiástica, Vieira insiste na pertinência do texto sobretudo à sua nação e ao seu tempo. O texto arrancado do contexto original passa a ter sentido fluido. A perda de universalidade resultante da transferência a novo espaço e novo tempo promove a pluralização de sentidos, circunstância favorável aos engenhosos malabarismos do pregador. Sem se declarar infiel ao texto, longe do contexto, age com relativa liberdade para despertar ousadas significações.

Sermão é também invenção. Vieira respira a atmosfera em que pela primeira vez, desde as definições de Aristóteles, pintores, escultores, arquitetos, músicos e poetas ousam afrontar conscientemente o preceito da imitação, dando vida a mundos imaginados. O maneirismo, que adelgaça perfis, que erige igrejas leves, que põe no palco fantasmas a falar com homens, que inunda a poesia com metáforas, que escancara as portas aos delírios da invenção, autoriza Vieira a inventar, e ele inventa. Inventa vigiado pelos preceitos de Trento, como os pintores, mas inventa. Considere-se, entretanto, a timidez das invenções de Vieira. Como as plantas das igrejas, as idéias de Vieira estavam amarradas a princípios cuidadosamente elaborados, cuja infração, ainda que leve, lhe traria sérios dissabores. Menos arriscado era inventar na arte do que na prática social e na doutrina. A oratória lhe franqueia movimentos ousados capazes de emocionar ao arrepio das exigências da especulação esclarecida.

O pregador, adaptando a vontade eterna ao momento presente, pratica jurisprudência teológica. Afetada pelo tempo e pelo espaço, a linguagem teológica não pode aspirar ao rigor da linguagem formal, sendo-lhe mais própria a liberdade dos discursos solicitados por fatos imprevisíveis. Teologia não é tautologia. Ao mundo em movimento convêm textos maleáveis. A história recusaria palavras proferidas fora do tempo. Revelação é temporalização. Esta é uma posição nominalista. Os nomes geram a cada momento outros nomes. Interpretações provocam novas interpretações, produto da orfandade. A linguagem teológica progride na tradição dos interlocutores do *Crátilo*: Sendo inacessível a linguagem divina, temos que satisfazer-nos com a linguagem dos homens, imprecisa, abundante – território maneirista.

O sujeito, depondo o papel de receptor passivo, assume a posição de sujeito frente a outro sujeito, o sujeito bíblico, a quem propõe rigoroso exame. O pregador solicita a cooperação de outros sujeitos, os ouvintes, sujeitos de quem estão em jogo a família, a propriedade e a vida. A reunião dominical encena um diálogo de sujeitos vivos e ativos. Em lugar da oração, base das *Confissões* de Santo Agostinho, o orador elege o protesto.

Contestado o poder das armas, perdida a autonomia política, passando as terras conquistadas a outros senhores, renova-se a consciência da solidão, da fraqueza, do aniquilamento, qualidades maneiristas que distinguem o homem de agora do conquistador da renascença. O distanciamento do Deus poderoso na guerra provoca incerteza e melancolia.

A fraqueza grega exprimia-se diferentemente. "Uma coisa eu sei, que não sei nada", dizia o homem grego, exemplarmente representado por Sócrates. Na passagem do mundo grego para o mundo cristão, o saber foi substituído pelo fazer. O cristão é, não enquanto sabe, mas enquanto faz. Goethe percebeu acuradamente a diferença ao traduzir: "No princípio foi o *logos*" por "No princípio foi a ação". O *logos*, eminentemente teórico nos autores gregos, mostra-se industrioso quando se transfere para outra cultura, a cristã. Os cristãos sentem-se filhos de Deus, comprometidos no ato criador, quer na prática cotidiana do bem, quer no combate aos infiéis, tradução medieval e quinhentista da ação, quer no cinzelar da pedra ou na elaboração do texto literário.

Desde a renascença, coincidente com a expansão capitalista, a ação determina a conquista, o dilatar de territórios, o acúmulo de riquezas. O que é o homem desamparado daquilo que tem?

Descartes, ao dizer na mesma época: "Penso, logo existo", prolongou preocupação helênica. "Faço, logo existo" exprimiria com mais propriedade a ontologia cristã. Desde o princípio, Deus é enquanto faz: cria, preserva, conduz, guerreia, redime, constrói. Como perceber Deus fora de seus atos?

Na definição do agente, a questão se desloca da sabedoria à virtude, do saber ao fazer. Em lugar do socrático "uma coisa eu sei que não sei nada", Vieira pergunta: O que devo fazer? O que as circunstâncias requerem de mim? Como serei virtuoso? Sendo conquistar e dominar aspectos da ação, anuncia-se neles a presença de Deus. Sócrates leva a pergunta "Quem sou eu?" ao território do saber, continuando a interrogar: "Somos sábios ou ignorantes?" No âmbito da mesma questão, mas interessado na ação, Vieira indaga: "Somos fortes ou fracos?" Os filhos de Deus atestam a filiação nas realizações; ao fazerem, eles são. Como o fazer tem agora significado predominantemente bélico, "faço, logo existo" conota "venço, logo existo". Existindo o homem só quando militarmente se impõe, a inferioridade no confronto armado representa orfandade, melancolia, morte – prejuízo no existir.

O que se deve concluir quando vitorioso é o inimigo da fé? A conclusão assombra porque abala a estrutura do mundo. A submissão de Portugal a uma potência católica, embora dolorosa, é concebível porque deixa intato o conceito de verdade. Como entender, entretanto, a passagem da supremacia à mão de hereges? O discurso dos fatos é eloqüente. Não só as estrelas, também a história é discurso de Deus. Se o poder de Portugal é para negros e índios o poder de Deus, quem poderá deter a rebelião na ruína deste argumento? Contra a força persuasiva dos fatos, pouco valem recursos verbais. Para os vencidos, iletrados, as armas são mais eloqüentes do que quaisquer outros argumentos.

Que dirá o tapuia bárbaro sem conhecimento de Deus? Que dirá o índio inconstante, a quem falta a pia afeição da nossa fé? Que dirá o etíope boçal, que apenas foi molhado com a água do Batismo sem mais doutrina? Não há dúvida, que todos estes, como não têm capacidade para sondar os profundos juízos, beberão o erro pelos olhos. Dirão, pelos efeitos que vêem, que a nossa fé é falsa, e a dos holandeses é a verdadeira, e crerão que são mais cristãos sendo como eles.

Faltando a piedade, a intimidação; sendo fracas as luzes do espírito, o braço armado; fechados os ouvidos, o brilho que inunda os olhos. A reciprocidade de respeito, essencial a relações humanas sadias, ainda não se universalizou. O raciocínio é maquiavélico, e Vieira não o contorna: a verdade está com quem detém o poder. Em nome dele, quanto sofrimento e quanto sangue derramado! Durante todo o período colonial, o destino dos povos da América estava atrelado à luta pela supremacia deflagrada entre as potências européias. Turbulências lá significavam sacrifício de bens e de vidas aqui. Como outros decidiam por nós, vivíamos na insegurança. Ao saírem do Velho Continente, os europeus deparavam outros homens, negros e índios. Como conviver com eles? Sendo a palavra o instrumento que dignifica vínculos humanos, Vieira, ao restringir o exercício dela, ao substituí-la pela eloqüência de contingentes militares, impede que certos homens alcancem plena condição humana, ainda que se bata pela liberdade dos índios.

Se legitimava o domínio pelo temor, legítima lhe era também a posse pela conquista.

Mas deixando isto de parte; tirais estas terras àqueles mesmos portugueses, a quem escolhestes entre todas as nações do mundo para conquistadores da vossa Fé, e a quem destes por armas como insígnia e divisa singular vossas próprias chagas.

Este é o ingresso do Brasil na história mundial, incorporado por conquista, num império decadente. Esta terra sangra em lutas que não são feridas no interesse dela, convertendo-se em armas até as chagas de Cristo, proclamadas para redimir.

O homem que se configura no sermão de Vieira não é o apreendido pelo olhar dirigido para dentro, o sermonista não designa o conturbado mundo interior, explorado por Lutero; a Vieira importa o homem visto de fora, atuante no espaço em que se decidem os acontecimentos mundiais, o sujeito público, visível, o soldado.

Terá Deus abandonado os portugueses por não terem agido como Deus quis que agissem? Mas como poderá Deus agir sem eles, o povo eleito? Esta é a dúvida. Agirá Deus através de hereges? Esta hipótese abala o universo do orador.

Abrasai, destruí, consumi-nos a todos; mas pode ser que algum dia queirais espanhóis e portugueses e que não os acheis.

A dúvida maneirista inquieta de muitos modos. Embebe não só as páginas sábias dos *Ensaios* de Montaigne, concebidos nos princípios da resignação estóica, como também freqüenta os turbulentos *Pensamentos* de Pascal, alimentada pelos mistérios da vida e da morte. A dúvida não tem bandeira, fere indiferentemente cristãos e não-cristãos. Mesmo um pensador afirmativo como Descartes, edifica a teoria sobre a dúvida, negando-a. A dúvida estimula a argumentação, ao passo que a certeza a dispensa. Quem, à maneira dos matemáticos, se baseia em certezas, demonstra, quem freqüenta os paços da dúvida argumenta. Ao longo do século XVII, o dogma, agredido pela razão implacável, enfraquece nos próprios redutos do dogmatismo. O diálogo triunfa em todos os domínios, para desespero dos monarcas absolutos e de seus protegidos, acossados por uma energia que não é detida pela tortura, pela forca, pela fogueira, pela espada. A inquisição não detém a argumentação.

A história do povo de Deus se desdobra em dois momentos: o que somos e o que fomos. Para saber o que fomos há fonte oral e escrita. Ambas ressaltam a portugueses o passado bélico. Ante um Deus guerreiro, Vieira constrói guerreiros. Não lê nos textos o exercício da caridade, a realização de obras artísticas, descobertas científicas. O cenário ostenta guerreiros, só guerreiros; outro valor no momento não há. Escasseando os guerreiros, declarado está o abandono de Deus. O que fomos? Guerreiros. O que somos? Pouco mais que nada. O que seremos é cuidado que inunda o sermão inteiro, razão das palavras inflamadas que perturbam a paz do Eterno. Visto que o futuro não é fatal, visto que não acontece por si mesmo, terá que ser construído como o foram o passado e o presente. O futuro não se insinua como vaga preocupação, ele inquieta como chamado à ação. Há maneira de enfrentá-lo sem susto na incerteza da vigilância do Guia? Só a ação decidida poderá deter a fatalidade, operando ostensivas a pluralidade e a fragmentação. Serão vitoriosas? Vieira indaga o passado. Havendo constância em Deus, a ação divina revelada poderá tranqüilizar os que marcham. Deus, simultaneamente presente no tempo e no mundo além do tempo, poderá freqüentar o caminho do passageiro ao estável. Como, entretanto, nada autoriza projetar êxitos passados a empreendimentos antevistos, a inquietação fustiga os que estão a caminho. "Sois o mesmo ou sois outro?"

Entre as hipóteses fomentadas pela incerteza assoma um futuro apocalíptico, semelhante ao fantasmagoricamente representado pelo pincel de El Greco, vazio de verdade e de fiéis. Futuro deserto, na exposição de Vieira, não nasce apenas da ação nefasta do homem mas também da calamitosa omissão de Deus. O que esperar se o mundo navega ao sabor do sono de quem deveria estar a postos?

> Mas só digo e lembro Vossa Majestade, Senhor, que estes mesmos que agora desfavoreceis e lançais de vós, pode ser que os queirais algum dia, e que os não tenhais.

Os cristãos concebem reta a linha traçada do passado ao futuro, noção que sobrevive no historicismo do século XIX. Na ótica de Vieira, essa rota não é traçada pela fatalidade. O que o futuro, entretanto, reserva, não está claro. O homem é convocado a construí-lo. O reino de Deus acena como coroa dos que lutam. Desde que se delineia no futuro a pátria dos que crêem, estes não cultivam a resignação. Não se busquem só no judaísmo as raízes da utopia, ela também se nutre da esperança dos seguidores de Cristo. A fusão de sonho e realidade, lida no *D. Quixote*, soa nas palavras de Vieira. A homens abatidos o pregador evoca a espada vitoriosa de D. Sebastião, um sonho. Que os fatos digam o contrário, que apontem a ruína, que proclamem o sucesso econômico de potências emergentes, D. Quixote e Vieira se batem pela vitória do sonho. O sonho aprofunda raízes que alcançam aquele episódio legendário em que um anjo teria desenhado as quinas, as chagas de Cristo, no estandarte vitorioso de D. Henriques, o fundador de Portugal. Outros fatos reavivaram a lenda, um deles foi o saque de Roma em 1526, fim do doloroso sonho que pretendia erguer o papado a potência mundial na aura dos antigos imperadores romanos. Depois que a Roma dos papas foi esmagada pelas tropas francesas, o sonho revive em outras potências católicas, revive na Espanha, revive em Portugal. Camões o exprime explicitamente ao propor a exaltação das

[...] memórias gloriosas
Daqueles reis que foram dilatando
A Fé e o Império, e as terras viciosas
De África e Ásia andaram devastando...

Os marroquinos, ao deterem o avanço do exército português, frustraram o projeto de domínio universal. O rei da Dinamarca, brutalmente assassinado, não retornou para varrer a podridão do palácio real na tragédia de Shakespeare? Por que D. Sebastião não poderia reviver com mais razão para limpar o mundo dos vícios da heresia? Num século em que o fantástico transformava pás de moinho em braços de gigante, o sonho se impunha com força de realidade. Como se percebe, o realismo fantástico tem raízes robustas que vão até o maneirismo baiano no século XVII. O sonho sebastianista, transferido para D. Pedro II, o rei deposto, levou homens famintos e maltrapilhos a desmantelar unidades militares modernamente equipadas. Nos alvores do século XX, Fernando Pessoa, o poeta, reavivou o sonho com a visão de um império cultural que acolheria povos distantes no aconchego da língua portuguesa.

À medida que o pregador fala, a imagem de Deus vai se delineando. Não a encontrando pronta, ele a constrói. Desde que o homem é móvel, móvel é a imagem de Deus por ele moldada. As posições são reversíveis. Deus faz o homem à sua imagem, e o homem responde a Deus, conformando o eterno rosto do Criador à móvel imagem da criatura. No trabalho de milênios, Vieira se empenha em adaptar Deus a um grupo ameaçado, abandonado. É de um Deus guerreiro que os plantadores e comerciantes da Bahia precisam; Vieira o busca nos versículos escritos por um rei-guerreiro, Davi. O modelo para o aportuguesamento do Deus de Israel é o Deus renascentista remodelado por Camões, o Deus que dilatou o poderio militar luso à África, à Ásia e à América. Vieira restaura a imagem do Deus expansionista na hora em que está em andamento a reação contra as armas de Portugal, outrora vitoriosas. Como entender os insucessos do povo que vive sob a proteção de um Deus forte? O conflito que aflige os homens afeta a representação de Deus. O criador, sereno em tempos melhores, é agitado por sentimentos opostos. A justiça conflita com a misericórdia; a ação, com o arrependimento; o sono, com a onipotência. A teologia cristã conviveu por séculos com tensões no caráter do Deus revelado, mas chegamos a uma época em que elas se tornaram aflitivas. A harmonia estabelecida pela reflexão teológica ameaça ruptura. Vieira expõe o perigo sem insistir em conciliação. A consciência maneirista confere credibilidade maior ao conflitante, ao inacabado. A segurança perdida alimenta a dramaticidade. Nos textos de Nietzsche completa-se a ruína que agora apenas se anuncia.

O Deus que os fiéis recebem na missa pelo sucesso das armas de Portugal não é o Deus de Aristóteles. Este, por ser ato puro, não se move. Não odeia, nem ama. Narcisisticamente voltado sobre si mesmo, evita o imperfeito para não se contaminar. Movimento se atribui só a seres imperfeitos, que buscam a perfeição estática à maneira do enamorado a caminho do objeto amado.

Ao Deus de Aristóteles, Vieira opõe o Deus bíblico, o Deus da ação, sendo criar o mundo o seu primeiro ato. Sem os cuidados do Deus aristotélico, o Deus bíblico se macula com a mobilidade do mundo, obra de suas mãos. Preso nas engrenagens do mundo, não lhe é dado descansar. Quando entrega os homens a seu próprio destino, sempre há quem grite: "Acorda, Senhor". Padecendo a história, sofrendo com ela, o Criador se mostra redentor e preservador do mundo. Para conviver com os homens, o Deus bíblico se faz homem. Para agir na história, ele se faz histórico. Os pintores maneiristas se detiveram na imagem do Deus humanado. Opondo-a ao sereno, monárquico, vitorioso Deus renascentista, acentuaram o disforme, a fraqueza, a dor. Argumentando com o Deus humanado, Vieira penetra na história. Em jogo estão a ação de Deus, a história e a eficácia do discurso.

A dúvida sobre a autenticidade da arte retórica é antiga. Verificando que os oradores exercitados nela estavam preocupados em persuadir e não em atingir a verdade, Platão a reprova no *Górgias*, reabrindo o debate sobre ela no *Fedro*.

Unindo-a neste diálogo à dialética e à filosofia, pensa em elevá-la a um estágio em que mereceria a aprovação dos deuses, árbitros da verdade (275e). Vieira realiza, dentro dos pressupostos do catolicismo, o projeto platônico, proferindo um sermão ao próprio Deus. Quem poderia reprovar um discurso que argumentasse não com teses ditadas pela razão mas com verdades reveladas? Um discurso a que nem Deus pudesse resistir deveria ser eficaz em todos. Vieira ousa mais. Não lhe basta receber a aprovação de Deus, objetiva levar Deus ao arrependimento, mudar os rumos da história, devolver a Portugal a antiga glória.

Embora Deus tenha estabelecido metas e as tenha revelado, o que há de suceder está envolto em sombra. Sabe-se o plano global, ignoram-se os detalhes, o que gera angústia. Vieira procura contorná-la, apoiado na coerência divina. Se Deus fez de Portugal o Israel dos tempos modernos, como poderá consentir na passagem do seu poder a outra potência? "Deus *está* holandês?" Isso não é possível, porque Deus *é* português – pelo menos no desejo do pregador. A dúvida provocada pela mutabilidade de seres históricos atinge o Deus que, entrando na história, se faz história. A dúvida do orador é agravada pelo fato de o Deus dele ser resultado de interpretações: dele, dos doutores da Igreja. Mesmo que se apegue a interpretações com firmeza, a realidade de serem interpretações não pode ser removida. Sendo vedado contato direto com as idéias de Deus, o intérprete – todos os intérpretes – estão atrelados a signos; signos que produzem novos signos, signos que se multiplicam, se refratam, se contradizem, mares de signos, catalogados em bibliotecas, imagens refletidas em espelhos, milhares de espelhos. O ver face a face está removido para o fim da história.

Depois do saque de Roma, depois do desastre de Alcácer-Quibir, depois da ruína da Invencível Armada, vacila a noção de centro. A imagem para o ser que se move no universo descentrado é derivado do movimento das águas. Montaigne designou o homem de ondulante (*ondoyant*), móvel como as ondas. As ondulações que se curvam no horizonte teriam invadido o infinito? "Deus está holandês?" O passageiro *estar* teria desalojado o *ser* eterno? Deus teria avançado tanto no caminho da humanação que se tornara difícil distingui-lo dos homens? Teríamos que admitir um Deus ondulante? Estas perguntas balizam as considerações de Vieira, visto que o imóvel resiste à conversão. O Deus aristotélico, fixo e puro, não admite alterações. Súplicas e protestos não soam a seus ouvidos. Sendo criação intelectual, abstrato como axiomas matemáticos, não suscita arrebatamento nem devoção. Os que o incluem em seus cálculos não contam com ajuda superior à força de seus braços.

A época é de dúvida e de busca, temas vezeiros em textos maneiristas. A unidade medieval está perdida, perdida está a certeza. A conquista que se estendeu a um mundo plural não pode conter a pluralização em marcha. A fragmentação não ameaça apenas a periferia, instaurou-se no centro. Desde a eclosão do protestantismo, a Europa não é mais uma. O confronto que dividiu o centro espande-se pelo mundo. Como será o rosto de Deus num mundo plural? Para essa questão Vieira não tem resposta. É por isso que luta energicamente contra a fragmentação.

[...] e chegaremos ao estado, que se perguntarem aos filhos e netos dos que aqui estão: Menino, de que seita sois? Um responderá, eu sou calvinista; outro, eu sou luterano. Pois isto se há de sofrer, Deus meu?

Centrada foi a história desde os primórdios. O centro se deslocou muitas vezes: Grécia, a Roma dos césares, a Roma dos papas, Lisboa, Madrid... Como determinar o cento num mundo golpeado por uma guerra que se arrasta por anos, por décadas, sem que os massacres indiquem vencedor? Onde procurar o centro, cessado o troar da artilharia? Em Amsterdã? Esta hipótese Vieira não tolera. O Deus que ele cultua não poderá entregar a ordem mundial a hereges. Como a ordem natural das coisas não permite concluir que um dos países católicos assuma a direção dos acontecimentos mundiais, Vieira escapa pelo fantástico, a ressurreição de um rei morto. Cristo não ressuscitou para do seu trono imperar sobre vivos e mortos? Que Deus, ao despertar, repita o milagre! Ante um futuro ameaçador, Vieira cai num saudosismo delirante.

A idéia de um mundo descentrado estava em marcha. Giordano Bruno o tinha definido pioneiramente. Não sendo sensato para os investigadores do espaço cósmico persistir no geocentrismo depois de Copérnico, Bruno supõe infinito o universo em que corpos giram em constelações intermináveis. O centro é próprio em figuras de limites claros, mas como procurar centro num universo sem contorno exterior? Um novo mundo estava se esboçando, e Vieira o teme. Ante o acelerar das modificações sociais, políticas, científicas e religiosas, Vieira relembra valores e glórias passadas. Em lugar de contribuir para a construção do futuro, luta para evitar que o futuro aconteça. Sendo uma inteligência privilegiada em sintonia com os acontecimentos mundiais, o conflito gerado pela oposição o sacudia fortemente. O conservadorismo que mantinha a arte brasileira fiel aos modelos importados, compreende-se em território colonizado, em que o peso do sistema político e econômico se opunha ao desenvolvimento.

    Vieira poderia pedir ajuda ao rei? O rei foi o destinatário da carta de Pero Vaz, deslumbrado com a terra descoberta. Não cabia ao rei velar pela segurança das terras conquistadas? Ora, o rei, o da Espanha, senhor de Portugal desde o desastre de Alcácer-Quibir, está ocupado com outras urgências na conflituada Europa. Que ajuda o rei ameaçado em casa poderia trazer ao Brasil cobiçado pela rebelde e poderosa Holanda? O sentimento de orfandade madrugou no coração dos que moravam aqui. As aflições dos brasileiros vinham atreladas aos negócios da Península Ibérica, sempre mais relevantes. E os ouvintes? Teriam eles ainda o mesmo ânimo que demonstraram em 1625 quando expulsaram os holandeses da Bahia?

    Sem achar socorro no mundo, resta a Vieira quem nunca se recusa aos desvalidos – Deus. Criadas estão as condições para a apóstrofe. Na teoria de Quintiliano, a apóstrofe é produto do discurso forense. Há ocasiões em que o orador, com o objetivo de fortalecer a persuasão, se dirige a outro, presente ou ausente, e não ao próprio juiz. Vieira, contra as regras do sermão, em lugar de agir sobre os ouvintes, procura mudar o comportamento de Deus. "Acorda, Senhor", clama o orador em latim e em português. A orfandade, como se vê, não distancia apenas das potências européias, ela também separa de Deus. De Deus? Mesmo que os ouvintes estejam habituados à imagem do Deus humanado, como imaginá-lo dormindo? Ou seria só teórica a sua onisciência. O sono foi tema de El Greco no quadro *A Agonia do Horto* (1590-1595). Enquanto um anjo traz o cálice a um Cristo debilitado, sendo a cor vermelha das vestes prenúncio da morte, a natureza inteira se dobra à semelhança de panos em queda, de pálpebras que descem. No turbilhão de ocorrências de extremo perigo, em que as hostilidades contra Cristo culminam, a imagem dos discípulos adormecidos lembra fetos confinados no útero materno. O sono, dos homens, da natureza, da morte, freqüente em obras maneiristas, contamina no quadro a vida até as bases. O Redentor, embora desperto, prepara-se para o sono da morte. Tanto o pintor como o sermonista repetem um tema religioso amplamente difundido, o do deus ocioso. Em muitas religiões, o deus criador, concluída a tarefa da criação, retira-se e deixa o cuidado do mundo entregue a outros senhores. Sendo Deus um só, a falta de ajuda agrava a angústia dos devotos.

No cristianismo, o socorro não é mecânico nem constante. Muitas razões abrem distância entre criador e criatura. Nem mesmo a devoção garante socorro divino. Jó, embora fiel, foi entregue aos maus tratos do demônio. Deus pode retirar-se temporariamente do que ama para provar a constância. É também um modo de tornar o homem responsável. Como poderia sê-lo com a contínua presença de Deus? Como poderia criar, errar? Vieira sente-se no extremo da prova. A que limites pretende Deus levá-la? – que de prova deve tratar-se. Já não entregou Deus aos hereges a porção mais rica do Brasil? Não é castigo bastante? Quer ceder-lhes ainda a sede administrativa da Colônia? Com este golpe o mal não será irremediável? Deus criou Portugal – assim pensava Camões, assim pensa Vieira. A expansão de Portugal é, portanto, obra de Deus, o que justifica o tremular das quinas portuguesas no território conquistado. A fé ampara o império, a conquista.

Ficou estabelecido desde Camões que Deus é católico, que Deus é português. O reino messiânico dos novos tempos é Portugal, cabendo-lhe os atributos de Israel, a terra eleita no antigo concerto. O messianismo belicista de *Os Lusíadas* prolonga-se na sermonística de Vieira. Como pode Deus favorecer hereges, recém-libertos do domínio católico (Espanha), como pode Deus entregar-lhes território português?

As palavras do pregador são de súplica e de protesto. Não soa isolada a voz insolente em época conflituada como a do século XVII. Ouvimo-la em outra obra cristã, *O Paraíso Perdido* do inglês Milton. É só lembrar o discurso inflamado de Satanás às hordas infernais após a derrota que Miguel, o Arcanjo, lhes infligiu. Embora venham do príncipe das trevas as afrontas, fere ouvidos cristãos a liberdade sacrílega, exaltada com tanta ênfase. Fortes são também os conflitos de almas crentes no teatro de Shakespeare. O protesto de Vieira não chega às raias da insolência e da impiedade. Mas o conflito que sacode a alma cristã ouve-se aí nos limites toleráveis num sermão proferido para a edificação dos fiéis. Nem a devoção está livre da inquietação maneirista. Exercendo, ao protestar função de sujeito, o pregador se avizinha de perigoso território diabólico. Como constituir-se sujeito sem se comprometer com a rebelião satânica? Eis a arriscada trilha da conduta cristã.

Protestando contra atos de Deus, Vieira ingressa na linhagem dos homens que privaram com o Criador, Moisés e Davi entre eles. O engrandecimento do homem de Deus foi cultivado pelos pintores maneiristas. Em *Moisés Tirando Água da Pedra*, de Tintoretto, a figura de Moisés, central, domina o quadro inteiro, em escala ostensivamente aumentada. O gesto largo do libertador assume teatralidade de palco. O jato de água que, brotando da rocha o circunda, isola-o da multidão, unindo-o a Deus, igualmente grande e semi-oculto na nuvem. Se falar com Deus já confere ao homem posição excepcional, indicar ao Criador, ainda que respeitosamente, a banca dos réus, eleva o sermão a estatura entre diabólica e divina. Os imperativos de Vieira provocam pasmo intencional em quem o ouve. O que pretende Vieira com a apóstrofe? Repor a história nos seus fundamentos. Duas noções estão em conflito, o movimento da história e a eternidade de Deus. Como impedir que a história se mova, como impedir que o Brasil continue território português? Só diminuindo a distância entre Deus e o Brasil, entre o fixo e o móvel. Se a história é móvel por sua própria essência, cabe a Deus preservá-la em roteiros predeterminados. O protesto é motivado pelo fato de Deus protelar medidas urgentes.

Certa a hipótese de Vieira, o Brasil nunca poderá romper os vínculos com Portugal, não poderá passar às mãos dos holandeses nem poderá tomar o seu destino nas suas próprias mãos. Vieira se opõe à emergência do novo, à fragmentação, à pluralização. A história, como ele a concebe, parece-se às catedrais barrocas em que o detalhe não rompe a unidade do todo. A totalidade recolhe movimentos ínfimos. Mesmo aí, contudo, os arquitetos não podem impedir a infração, quer por ignorância dos executores, quer por falta de material durável: a madeira em lugar da pedra. A madeira apresenta perecibilidade de que a pedra está isenta. A vantagem de a madeira ser mais dócil aos instrumentos de ferro é corroída pela susceptibilidade dela à ação do tempo. Em quadros brasileiros, aparecem santos com narizes indiáticos, lábios negróides, animais e plantas tropicais. O novo contexto compromete a unidade. A história se move.

No sermão proferido na igreja de Nossa Senhora da Ajuda, madruga um tema que atravessa a literatura brasileira. Ante os desmandos impunes dos poderosos, gritará Castro Alves:

> Deus, ó Deus, onde estás, que não respondes?
> Em que mundos, em que estrelas tu te escondes
> Embuçado no céu? Há dois mil anos eu te mando um grito,
> Escuta o brado meu lá no infinito,
> Meu Deus, Senhor meu Deus.

O sentimento de abandono se aprofunda no "Poema das Sete Faces" de Drummond:

> Deus, porque me abandonaste,
> se sabias que eu era fraco,
> se sabias que eu não era Deus.

A dúvida, alojada nas origens do cristianismo e habilmente respondida por Vieira contra perigosas divisões, expõe nos versos de Drummond fratura sem remédio. Se quisermos percorrer todas as etapas de seu percurso, não podemos contornar a amargura com que ela reveste a prosa machadiana. E a encontraremos, por certo, nas indagações radicais de Clarice Lispector. Falta aos autores mais recentes o poder, que ainda assistia Vieira, de despertar o Deus que dorme.

Não é correto favorecer concepções mais lógicas, mais coerentes, menos humanas como a de Bossuet. A tradição cristã abriga o Deus espiritualizado que se encontra na poesia de Dante e na filosofia de Descartes sem rejeitar o Deus padecente, cultivado pelos maneiristas. A repressão inquisitorial pode ter contribuído para o desenvolvimento da irracionalidade nas regiões sob influência ibérica, mas isso não deprecia as produções que em circunstâncias adversas florescem. O Deus dramaticamente vivido ainda se mostra fecundo nas páginas soberbas de Guimarães Rosa.

"Quem és tu?", pergunta o pregador ao definir o homem, evocando Paulo, o apóstolo. Essa pergunta não é estranha. Ouvimo-la formulada na epopéia, na lírica, na tragédia, na filosofia gregas. A pergunta estava implícita na palavra dos sacerdotes de Apolo em Delfos: "Conhece-te a ti mesmo", recomendação muitas vezes repetida e refletida. Se a pergunta é a mesma, diferentes são a origem e a resposta. Os gregos, como não conhecem deus criador, só podiam entender o homem estranhando-se de si mesmo e do mundo. Mesmo quando os homens se encontravam na presença de aparições divinas, eles não se evadiam do mundo, visto que tinham os deuses como manifestações de aspectos do mundo. Sendo assim, aos gregos só era dado perderem-se em relação a si mesmos ou em relação a forças cósmicas. A indagação grega pelo homem movia-se entre estes pólos: o próprio homem e o mundo.

Diversa é a experiência cristã. Como o homem, para os seguidores de Cristo, se origina das mãos criadoras de Deus, a criatura, ao levantar os olhos a quem a fez, percebe angustiosamente a diferença, a precariedade, a perecibilidade, o barro de que é feita. A revelação judaico-cristã, proclamando a oposição criador-criatura, eleva Deus acima do mundo vivido. O incorporado em Cristo, dirigindo-se a Deus, experimenta a epifania do que olhos nunca viram, o inteiramente Outro, o distante, o Ausente, sentido e coroamento da história. O conduzido pela esperança apercebe-se no deserto, no exílio, na peregrinação à pátria de que vive desterrado.

No período maneirista os olhos sentem atração pelo barro, descortinando-se-lhes um mundo de túmulos e de caveiras. O barro é a primeira lembrança do pregador ao evocar a pergunta "Quem és tu?"

> Porventura o barro que está na roda entre as mãos do oficial, põe-se às razões com ele e diz-lhe por que me fazes assim? Pois se tu és barro, homem mortal, se te formaram as mãos de Deus da matéria vil da terra, como dizes ao mesmo Deus: *Quare, quare*; como te atreves a argumentar com a sabedoria divina, como pedes razão à Providência do que te faz ou deixa de fazer?

A onipotência de Deus acentua a impotência do homem, a dependência, a fragilidade. Mesmo feito à imagem de Deus, é conflituosa a relação entre Criador e criatura. Vieira nota a reticência que sela a feitura do homem. Ao cabo das outras criações, declara Deus que tudo era muito bom. Esse estribilho cessa quando o mundo criado chega à coroa, o homem. Estará expressa na reticência a distância ontológica entre o homem e o bem, fonte da busca, da incompletitude, da angústia, da história?

Diante desse, do Diferente, o homem se constitui sujeito, falando, orando, altercando. A alegoria, marca do drama barroco para Walter Benjamin (ele deixa indistintos maneirismo e barroco), não poderia ter aparecido na Antiguidade, período em que os seres estavam presentes e próximos. Aberto o abismo entre os entes e aquele que os sustenta, entre a aparência e a essência, eclode a alegoria, a falta do invisível em imagens visíveis, a busca do ausente no aparente. Mas a alegoria não tinha chegado ainda, nos tempos de Vieira, a apontar um céu vazio, como o fazem os autores contemporâneos (Joyce, Kafka, Camus, Brecht). Na "tragédia" encenada pelo pregador, o "castelão", embora distante, embora problemático, não se tinha escondido atrás de enigmas insolúveis como ocorre em *O Castelo* e em outras ficções kafkianas. Ainda há resposta para as indagações. As respostas distinguem também a tragédia cristã da tragédia grega, em que as últimas perguntas batem no silêncio. Releia-se o *Édipo Rei* de Sófocles. Modelo de Vieira é *Jó*. Se Jó for entregue à morte, quem há de render louvores a Deus? Há um pacto de fidelidade entre Deus e os eleitos, pacto que os ergue acima do pó. O pacto mantém o homem na situação de sujeito e de falante, ainda que aflito. Modelando o homem na presença de Deus e através de Deus, o pregador se constrói na dúvida. Aparentado com Jó, procura entender os motivos que levam o Deus piedoso a entregar seus filhos às mãos cruéis dos adversários. A voz do pregador não destoa no coro de seu tempo.

Vieira encena o espetáculo sermonístico em lugar histórico, a igreja de Nossa Senhora da Ajuda, edificada na ermida destinada aos serviços religiosos pelo fundador de Salvador, Tomé de Sousa. Embora diferente das primitivas "igrejas de palha", feitas de paredes de barro e cobertura vegetal, a igreja de Nossa Senhora da Ajuda ainda não ostenta a riqueza dos templos edificados no período imediatamente posterior à reincorporação do Nordeste ao domínio português. A imponência do orador, que ousa levar o próprio Deus ao arrependimento, contradiz as linhas sem requinte da casa que congrega os fiéis. Das igrejas jesuíticas do século XVI e princípios do século XVII restam poucas, abandonadas que foram após a expulsão da Companhia de Jesus em 1759. De linhas austeras, com uma torre lateral e desprovidas de ornato externo, vêem-se ainda algumas no Espírito Santo, no Rio de Janeiro e em São Paulo. A singeleza arquitetônica das igrejas brasileiras não evoca os elaborados e exuberantes entalhes, ornamento dos vistosos frontispícios dos monumentos religiosos erguidos no mesmo período pelos portugueses na costa ocidental da Índia, admirados ainda hoje por quantos visitam Goa e Diu. A madeira e o açúcar brasileiros não podiam competir com a fortuna que rendiam as especiarias trazidas do Oriente. Só depois de a emergente Holanda ter desmantelado o comércio português no Oriente é que os conquistadores voltaram a atenção às terras descobertas e abandonadas no Atlântico. Tanto as determinações do Concílio de Trento quanto a pobreza concorreram para singularizar as edificações eclesiásticas no Brasil. A severidade dos traços, hostil à fantasia, era decretada também pela racionalização das construções, útil à urgência em dilatar fronteiras contra a agressiva expansão protestante e à rápida cristianização dos povos indígenas. O estilo jesuítico da Igreja de Nossa Senhora da Ajuda era a versão luso-brasileira da arquitetura maneirista de inspiração italiana. O engrandecimento do orador destoa da severa contenção das paredes. Igrejas imponentes multiplicavam-se, entretanto, na Europa com o afluxo das riquezas arrancadas do Oriente e do Ocidente. Os frutos da conquista não favorecem paritariamente colonizadores e colonizados. A riqueza verbal floresce em territórios ainda fechados à ostentação material. Não surpreende, portanto, que o brilho do sermão preceda o fulgor das construções.

Vieira não falava a ouvintes inexperientes no fraseado arrebatador do sermonista. Os inacianos, que fizeram da instrução religiosa arma levantada contra a heresia, já trabalhavam por quase um século na Bahia. Manuel da Nóbrega liderara o grupo dos padres jesuítas que vieram da Europa com o primeiro governador-geral.

Em 1640, baianos já podiam gloriar-se de muitas façanhas. Tinham rechaçado os índios, tinham retomado o Rio de Janeiro aos franceses, tinham expulso, em 1625, os holandeses da Bahia. Não se podia, contudo, menosprezar o perigo. As províncias do Nordeste tinham se dobrado à supremacia holandesa. Bandeiras dos aguerridos inimigos tremulavam no alto de antigas fortificações portuguesas na África e na Ásia. A ambição do governador batavo não conhecia limites. Da fortaleza erguida no rio São Francisco, ele ameaçava o Sul. Holanda colocara-se, em poucos anos, entre os países economicamente melhor aquinhoados. A frota holandesa, a maior do mundo, expandia-se por todos os mares. Enquanto isso, Portugal vegetava sob jugo espanhol, e Espanha sangrava em guerras sem futuro. O momento é de crise, e os plantadores da Bahia a sofrem diuturnamente.

Por que resistir a uma potência bem-sucedida e, ao que parecia, bem intencionada? O florescimento do Brasil holandês, na indústria, nas artes plásticas, no urbanismo, era inquestionável. Superadas as dificuldades iniciais de confronto, os fazendeiros lusos progrediam em paz nas terras conquistadas. Nassau não restringia a prática dos ritos católicos. Por que não trocar a decadência pela prosperidade? Não era esse um raciocínio legítimo em cabeças que presenciavam a universalização do capitalismo? Vieira precisava levar à luta homens não-convencidos de que as armas ofereciam a melhor solução. O pregador está em situação semelhante a de Demóstenes na Antiguidade, empenhado em unir os Estados livres da Grécia contra o avanço macedônio. Interessava a ambos levar às armas homens cansados de guerra. Só o endurecimento do regime holandês, depois da sábia administração de Maurício de Nassau, reacendeu nos brasileiros a vontade de lutar.

Avisadamente Vieira evita questões econômicas. Que vantagens materiais aduzir para convencer agricultores e comerciantes da conveniência de arriscar fortunas e vidas para amparar o combalido e subjugado reino português? Vieira transforma habilmente um conflito econômico em guerra religiosa. A espiritualização que enlanguescia e alongava perfis na escultura e na pintura transferia-se comodamente a cometimentos práticos. Católicos e protestantes aniquilavam-se na Europa em nome da fé, numa luta que se arrastava por décadas, a Guerra dos Trinta Anos. Não era difícil mostrar que o conflito atravessara os mares. O desafio não vinha de hereges? Vieira não falava em praça pública, discursava numa igreja. O lugar favorecia a ênfase religiosa. Para conquistar a adesão de seus ouvintes, o pregador firma-se num valor inquestionável, a palavra de Deus, ameaçada pela interpretação heterodoxa dos teólogos da Holanda. Falando a católicos, não lhe seria difícil contar com o favor da assistência ao reafirmar a interpretação da igreja de Roma. Não contente com isso, recorre à suprema ousadia. Na estratégia do pregador, indolentes não eram os ouvintes, o indolente era Deus. Se conseguisse arrastar os ouvintes na investida contra a indolência divina, o pregador os teria levado à ação sem que eles se percebessem constrangidos por vontade alheia. A adesão deles seria livre. Deus se mostraria convertido à medida que os ouvintes se convertessem. Deus entraria em ação através deles. Não era isso que todos desejavam? Não se tratava de demonstrar mas de persuadir. A demonstração ilumina a razão; a persuasão, agindo sobre a vontade, leva à ação, e era ação o que estava na mira de Vieira.

Evitar os motivos econômicos é prática vezeira no apelo à luta. Os aliados, na Segunda Guerra Mundial, não convocaram combatentes para destruir a nação mais próspera do mundo? O motivo alegado para justificar a morte de milhões era um só, a defesa da democracia, mesmo que para isso necessitassem do auxílio decisivo de Stalin, um ditador. Na ação contra o Iraque em janeiro de 1991, justificaram-se os bombardeios com o argumento de que se tratava de uma medida necessária para evitar que no Oriente Médio se levantasse um novo Hitler na pessoa de Sadan Hussein, silenciado o interesse de controlar as jazidas de petróleo. Tanto nos século XVII como no século XX altos ideais encobrem no discurso de incitação à guerra vantagens materiais. Vieira não tem escrúpulos em denegrir os adversários. Alega que os holandeses maltratam velhos e crianças, desrespeitam as famílias, profanam os templos, se apropriam de bens. Ora, o exame imparcial do procedimento batavo não confirma a denúncia. Para Vieira, entretanto, a eficácia valia mais que a exposição objetiva dos fatos.

Enquanto o pregador procura convencer os seus ouvintes, as suas próprias dúvidas se imiscuem. Persuadindo outros, terá que persuadir-se a si mesmo. Deus abandonou Portugal? Deus está holandês? Portugal terá forças para erguer-se à altura de seu antigo esplendor? Qual é a sorte do catolicismo no Brasil? Estas são as dúvidas do orador que os argumentos pretendem silenciar. As posições de sujeito e de objeto do discurso, perdendo a nitidez, proporcionam ao ouvinte momentos de um conflito interior dramaticamente vivido.

A indolência como responsável pelos nossos desacertos não abandonará a literatura brasileira. Está em *Macunaíma*. O problema ainda é o mesmo: a invasão estrangeira e a preguiça do suposto herói diante dela. Só que agora a instância metafísica, alvo do discurso de Vieira, desapareceu. No "herói da nossa gente" (Macunaíma é uma divindade na mitologia indígena) Deus e o homem se confundem. Sendo divino, não surpreendem seus poderes excepcionais. Não havendo no romance nada além do homem, é no próprio homem que se busca a origem do conflito ação-inação, vivido até à ruína do herói.

Vieira introduz novo argumento para arrancar os ouvintes da passividade, argumento sentimental, a Mãe. O argumento é dirigido a Deus, mas visados são os homens. Como poderá Deus permitir que a Virgem Santíssima seja ultrajada pelos hereges? O argumento é forte para a sociedade patriarcal do século XVII, época em que cabia ao homem representar e defender a mulher em todas as instâncias da vida pública. Mesmo que Deus, sendo homem, se esquecesse da sacralidade do seu próprio nome, como poderia entregar o sagrado corpo da Mãe à sanha dos hereges? Ainda que os ultrajes atingissem efígies apenas, o insulto não seria menos grave. A correspondência entre a Rainha do céu e a rainha do lar atribui à mulher a segurança da sociedade e do mundo. A estabilidade política e social requer que o homem empenhe a vida para defender a mulher. Ordens podem provir de mulheres, mas homens as executam.

Em jogo está a convivência com o outro. Vieira vive a complexidade dos anos em que se passa da unidade medieval à pluralidade moderna, conflito que no século XVII está apenas no princípio e que se estenderá por séculos. O conflito envolve a coexistência de etnias e de culturas sem excluir as intrincadas relações do homem com a mulher. Vieira ainda vê o outro como ameaça e nisso reproduz os padrões do seu tempo. O conflito entre a unidade e a pluralidade não poupa a exploração agrícola na certeira análise de Gilberto Freire em *Casa-Grande e Senzala*.

A uma região tropical, rica em vegetação abundante e variada, os conquistadores impuseram a monotonia da monocultura açucareira. A violência manifestada na exploração agrícola determinou também a supremacia branca sobre a maioria formada de índios, negros e mestiços. Vieira tinha o apoio dos seus ouvintes.

Desentenderam-se quando, mais arde, o padre tentou conceder aos primitivos moradores condições dignas.

6

OPULÊNCIA NA COLÔNIA

A fé pode remover montanhas, não se espere, contudo, que nivele caracteres. Recordem-se os discípulos de Cristo. Métodos de trabalho conflitantes afastaram Paulo de Pedro. João Antônio Andreoni ouvia à semelhança de muitos os engenhosos sermões de Vieira em Roma, e o acompanhou às missões jesuíticas do Brasil. Galgou, favorecido por ele, posições de mando na Companhia de Jesus. Isso não bastou para torná-lo um segundo Vieira. Faltou a Antonil, pseudônimo que o deixou célebre, o caráter apaixonado do homem que admirava, faltou-lhe o sonho utópico, faltou-lhe a nacionalidade portuguesa. Como esperar que o italiano Andreoni se batesse pela causa dos escravos com o ardor de Vieira, se nem mesmo o renomado sermonista, apesar de todos os seus serviços prestados à coroa portuguesa, escapou dos cárceres inquisitoriais, depois de expulso do Maranhão?

João Antônio Andreoni observou com prudência discreta a realidade da colônia portuguesa. Ao escrever sobre assuntos brasileiros, escondeu-se sabiamente atrás de um pseudônimo. A estratégia contribuiu para que as chamas que o governo português ateou ao livro não lhe molestassem a pele. O pseudônimo se instala com assiduidade na página de rosto de escritos do século XVIII. O pseudônimo, aliás, foi prática normal até entre tupinambás. Há referência de que os guerreiros trocavam de nome toda vez que abatiam um inimigo. Certos de que novo nome lhes conferia nova identidade, recorriam à troca como escudo contra atos vingativos. Antonil busca a proteção do nome falso contra eventuais punições. Não é essa a única razão. Para os homens de Setecentos, o exercício da escrita, a operação da verdade, importam mais que a identidade de quem escreve. Coletivo mostra-se o trabalho da razão. Não obstante, o ponto de inserção se trai. Antonil é duplamente estrangeiro: como cidadão e como escritor. Militância não é papel de exilados. Contemplam, sabem, calam, escrevem. A perseguição ao livro de Antonil não mostra que a escrita é revolucionária por sua própria natureza?

Alfredo Bosi descobriu papéis que documentam divergências entre Vieira e João Antônio. Serão suficientes para iluminar o livro que deixou? Em princípios do século XVIII – *Cultura e Opulência do Brasil* apareceu em 1711 – sopravam novos ares. Bacon (1558-1627), opondo-se à filosofia aristotélico-tomista, deita, com a ênfase na observação, os fundamentos das ciências naturais e da idade industrial. Descartes (1596-1650), afastando-se da erudição retórica, elabora um método para encontrar as coisas mesmas. Ao rejeitar o silogismo imperante, antigo como Aristóteles, remove as palavras ao modesto papel de veículos do percebido. Hobbes (1588-1679) proscreve, atento ao nominalismo medieval, os universais, negando-lhes realidade quer na mente quer fora dela. Considera os nomes representações individuais, signos de coisas. Spinoza (1632-1677), identificando Deus e a natureza, busca o bem supremo na própria natureza. Guiado por um raciocínio de rigor matemático, propugna conhecimento direto de realidades simples como as verdades geométricas, fonte das normas éticas. Locke (1632-1704) pensa que as idéias, não sendo inatas, reduzem-se a meras representações da realidade. A alma comporta-se como uma tábua lisa sem nenhuma inscrição. Dirige a reflexão a conteúdos trazidos pela percepção.

O racionalismo triunfante varria da página impressa a embriaguez metafórica, o paralelismo delirante, a fascinação da morte, as visões de um futuro misterioso, os jogos verbais, arsenal com que Vieira encantava auditórios já além dos limites cronológicos do barroquismo decadente. Bossuet (1627-1704) travava batalhas com antagonistas iluminados quando Vieira ainda seduzia auditórios com o malabarismo de argumentos livrescos. Bafejado pelas reflexões dos renovadores, Antonil, jesuíta como Vieira, redireciona o olhar. Atrás fica a perspectiva barroca que, diluindo formas triviais, buscava o infinito. Antonil reduz a distância entre o olho e os objetos para observá-los melhor. Examina atentamente o que está próximo. Concentra o tempo da observação a um período de poucos dias. Em vez de subordinar o olhar a padrões ideais, submete as coisas ao olhar.

No redirecionamento, Antonil, focaliza o homem prometéico. A pólvora e a bússola, instrumentos da ampliação do espaço e da conquista, já pertenciam à história dos modernos prometeus. Antonil acrescenta a arte que enriquece as delícias do paladar. Depois do comércio das especiarias, decadente, impera o açúcar.

Não desoriente o *nihil obstat* das autoridades eclesiásticas. Sobre assuntos profanos já se podia falar com linguagem profana. Setores do conhecimento eximiam-se da tutela da teologia sem alarmar almas piedosas. Bastava reconhecer a validez dos dogmas em sua área específica. O esforço de separar filosofia e teologia, misturados na Idade Média, vem de longe, está em Bacon. O filósofo inglês adverte que da mescla surge "não só uma filosofia absurda como também uma religião herética". Entende dar assim à fé o que à fé pertence (Bacon, *Novum Organum* I, LXV). Bacon conclui o livro dizendo que o homem perdeu com a queda a inocência e o domínio sobre as criaturas, sendo lhe possível reparar a primeira das perdas com a fé e a segunda, com as ciências. Definidos estão os dois campos do saber e a competência de cada um deles.

> Quem chamou às oficinas, em que se fabrica o açúcar, engenhos, acertou verdadeiramente no nome. Porque quem quer que as vê, e considera com a reflexão que merecem, é obrigado a confessar que são uns dos principais partos e invenções do engenho humano, o qual, como pequena porção do Divino, sempre se mostra, no seu modo de obrar admirável.

Este é o primeiro parágrafo do livro e tem sonoridade estóica, evoca Spinoza, por definir o homem como "pequena porção do Divino" e não como criatura de Deus. Isso ensinava o proscrito filósofo de Amsterdã, ensinavam Zenão, nascido em Chipre, e seus discípulos. O discurso (*logos*), excelência humana na tradição aristotélica e cristã, recua ante o avanço da oficina. O engenho que ainda produzia versos imorredouros na pena de Camões aponta agora, com o inteiro apoio de Antonil, a indústria que produz a maior riqueza do Reino de Portugal, o açúcar. O engenho, que perpetuava os heróis na memória dos homens, migrou do espírito para a matéria. A natureza vegetal e animal que encantou os conquistadores por dois séculos recua ante a majestade da empresa industrial. Animais domesticados são secundariamente lembrados como força para mover moendas. Plantas (canaviais e árvores) foram degradadas a matéria-prima, a fonte de energia. A admiração se desloca da criação de Deus para o trabalho do homem. Em lugar da natureza, a cultura, responsável pela opulência. Antonil não se apóia no testemunho de uma autoridade consagrada para exaltar a indústria, recorre à "reflexão". A razão, corretamente orientada, desautoriza disposições em contrário. Abalada a tradição logocêntrica, a observação requer a respeitabilidade antes atribuída ao silogismo. A palavra, deixando de apelar aos sentidos, retrai-se a conduto das informações veiculadas pelos sentidos.

    Com a reorientação do olhar, Antonil anuncia um novo nascimento na história dos renascimentos da nação. Enquanto na outra nação, a antiga, a antiquada, a natureza e o homem a ela incorporado seduziam o olhar, a nação de agora valoriza a indústria e a produção de riquezas. Com o objetivo de evitar que a riqueza periférica despertasse predatórias ambições, o governo central determina a destruição do livro.

    Da violência da palavra passamos à violência sobre a palavra. Escolhida a observação como método, Antonil classifica os engenhos em *reais* e *engenhocas*. Critério para a classificação é o nível de automação. Caraterística básica dos engenhos reais é a de serem movidos com rodas d'água, enquanto as engenhocas moem com força animal. A perfeição dos engenhos não é medida por algum modelo teleológico mas por índices de aperfeiçoamento técnico e empresarial: roda d'água, canaviais próprios, mão-de-obra abundante. O risco advindo da automação não empana o brilho dos engenhos reais. Antonil não se espanta com braços e corpos de escravas trituradas nas moendas. Limita-se a recomendar aos feitores que evitem o sono das negras em serviço. A eficiência da máquina vale mais que a segurança dos obreiros. Os ossos devorados pelas engrenagens já não o são por misteriosos decretos divinos mas pela natureza do trabalho.

A curiosidade que desde Bacon impele o investigador à observação do particular, prende Antonil por mais de uma semana num engenho que se destaca entre os demais, o de Sergipe do Conde, "rei dos engenhos reais". O índice de perfeição é deduzido da observação concentrada deste engenho e não de autoridades antigas ou de princípios gerais.

O mágico espaço americano é perturbado pela técnica. Já se apontaram as identidades entre técnica e magia. Notemos as diferenças. Enquanto a magia trata o mundo com amabilidade carinhosa, enquanto o homem mágico convive eroticamente com o mundo, a técnica o agride. O mundo se faz matéria moldável nas mãos de quem o manipula. Falta à técnica a poesia dos atos mágicos, o despertar de forças, a contínua invenção sem preocupação de transformar.

Visto que a distância entre o mundo ideal e a realidade decaída não figura na relação das preocupações de Antonil, o autor toma a realidade tal qual a encontra sem sujeitá-la a padrão externo. Recordações de passada grandeza ou restaurações futuras não seduzem Antonil. Indiferente a saudosismo e a messianismo, observa sem melancolia barroca o mundo presente, as surpreendentes realizações do homem. E o faz com linguagem renovada, "com o mesmo estilo e modo de falar claro e chão que se usa nos engenhos" (p. 69). O barroco, empenhado em construir mundos ideais, e o maneirismo, hostil a idealizadas perfeições, alheios ao reflexivamente percebido, celebrizaram-se pela arquitetura de linguagem auto-referencial, opaca. Atento aos pensadores que mandavam olhar para as coisas que nos cercam, Antonil abre o texto à sintaxe e ao vocabulário usados no trabalho. O requinte literário cede ao pragmatismo cotidiano. A linguagem dos engenhos é acolhida pelo tratado culto. Além de se mostrar fonte de riqueza material, o engenho renova os recursos de expressão: engenho, engenho real, engenhoca, senhor de engenho, sanzala, purgador, banqueiro, carapina da moenda, casa da moenda, casa dos cobres, cinzeiro, amassador, mocambo, massapés, salões, areíscas, terras brancas, sapucaia, sapupira, sapupira-cari, sapupira-mirim, sapurira-açu, jataí-amarelo, jataí-preto, messetaúba, maçaranduba, jacarandá, pau-de-olho, picaí, cachaça, têmpera de bacia, têmpera de igualar, têmpera de encher... Com notável pendor filológico, Antonil anota palavras e expressões, definindo-as de acordo com as explicações recebidas de pessoas do ofício. Longe estamos da atitude em que se impunham soberanamente nomes a uma realidade estranha. A periferia açucareira produz o seu próprio vocabulário, cuidadosamente anotado pelo pesquisador erudito. A voz da nação não é silenciada. A parataxe vulgar desarticula a hipotaxe importada. O peso se desloca do centro para a periferia, pois é a periferia com os seus engenhos que mantém o centro. Na oposição Brasil/Reino, continuamente feita, a base de sustentação cabe ao Brasil.

A capacidade de inventar obscureceu a fragilidade ante o desgaste, a morte, o pó. Sem pendores por renovação na ordem social, Antonil focaliza o esteio da sociedade colonial. Quem seria ele? Não o nobre europeu que vinha para enricar e retornar. Não seria esse que daria estabilidade ao combalido império português. O novo mundo produzira um nobre de nova estirpe, o senhor de engenho.

> O ser senhor de engenho é título a que muitos aspiram, porque traz consigo o ser servido, obedecido e respeitado de muitos. E se for, qual deve ser, homem de cabedal e governo, bem se pode estimar no Brasil o ser senhor de engenho, quanto proporcionadamente se estimam os títulos entre os fidalgos do Reino (p. 75).

A periferia, alterando o conceito de nobreza, alicerça-a na capacidade de produzir e não no prestígio da linhagem. O valor se distancia de critérios abstratos como o são feitos de antepassados ilustres e antiguidade, aliando-se a volume e preço da produção industrial.

Sujeito da hipotaxe social é o autor da riqueza, o senhor de engenho. Subordinados a ele estão os arrendatários, "lavradores", e a escravaria, distribuída em muitas categorias: escravos de casa, de enxada e de foice, barqueiros, canoeiros, calafetes, carapinas, carreiros, oleiros, vaqueiros, pastores e pescadores. Atividades requintadas são confiadas a escravos ladinos; aos boçais toca o trabalho bruto. Para sustentar esse exército de subordinados – só de escravos há cerca de duzentos nos maiores engenhos – requerem-se mantimentos (milhares de covas de mandioca), vestimenta, enfermarias, enfermeiros. O senhor de engenho cuida da vida religiosa e da instrução. Quem determina as tarefas do capelão e quem o paga é ele.

Os escravos não são tratados como pessoas, mas como peças do sistema, e como tais são indispensáveis; sem individualidade comparecem à maneira de mãos e pés do senhor de engenho. O culto ao poder central e a subordinação fisiológica do escravo ao senhor de engenho limitam o exercício da razão. Pensar na libertação dos escravos seria imaginar a amputação dos membros do senhor para a ruína da empresa patriarcal.

A Antonil causam preocupação os mulatos, por considerá-los ameaça ao sistema. Qualifica-os de soberbos e viciosos. O sangue branco que lhes corre nas veias, originário dos próprios senhores, lhes confere regalias negadas aos pretos. As vantagens são tantas que os mulatos chegam a dominar os senhores. Na cosmografia dantesca elaborada por Antonil, o inferno toca aos negros, no purgatório padecem os brancos, só os mulatos figuram no paraíso. No interesse da ordem, Antonil recomenda aos senhores cuidado para que o mando não caia na mão de mestiços. Alforriar mulatas é erro manifesto, visto que o preço pago pela liberdade vem do comércio de seus próprios corpos, prática que se prolonga na liberdade para a ruína de muitos. O exame cuidadoso da periferia não beneficia as raças periféricas. A ordem determina que o senhor seja branco.

Ética é a contribuição de Antonil aos senhores de engenho. Não se trata, entretanto, de uma ética rigorosamente cristã. Peregrinas e vagas são, freqüentemente, as alusões a preceitos divinamente revelados. Antonil não anda desatento aos que desde Maquiavel propugnam novos fundamentos para a ação política.

A arrogância é condenável pelos prejuízos que causa a quem detém o poder. Visto que ela provoca a revolta nos subordinados, a eficiência do trabalho requer que o senhor de engenho se comporte como amigo dos que dele dependem. Não se requer que o seja, o importante é que pareça ser. Vale a mesma recomendação para as senhoras. Não convém que a senhora de engenho, no trato com as subordinadas, apareça como "a Lua entre as estrelas menores". A argumendação de Antonil calou fundo no comportamento da aristocracia latifundiária brasileira. Ainda recentemente tratadistas defendiam a tese da democracia rural nas regiões pastoris do Sul, baseados na execução de tarefas em que não se observava diferença entre proprietários e subordinados.

A cólera não favorece a disciplina. Como justificar golpes no ventre de cativas grávidas, se essa é a fonte de reposição da mão-de-obra escrava? É antieconômico golpear na cabeça "um escravo de muito préstimo" ou causar-lhe quaisquer outras lesões físicas. Limite-se o castigo ao cipó nas costas, suficiente para impor autoridade. Se o senhor tratar os escravos como pai, eles aceitarão, quando necessário "o justo e merecido castigo". Os mocambos se originam dos que foram tratados injustamente. Maus tratos podem levar os recapturados ao suicídio ou ao crime por vingança. Folguedos devem ser tolerados por representarem o único alívio no cativeiro.

Notável é a advertência de Antonil aos avarentos: "Mau é ter nome de avarento, mas não é digno de louvor o ser pródigo". Não se discute a importância moral da avareza e da prodigalidade, em foco está o nome e a glória de avarentos e de pródigos. Aparência é tudo, só ela interessa ao mando. A posição prudente entre os extremos lembra mais a ética aristotélica do que a moral cristã.

Embora a cultura açucareira em princípios do século XVIII seja ainda, de longe, a de maior peso econômico, a crise já se anuncia em virtude do entusiasmo provocado pela descoberta de jazidas auríferas na região das Minas. Milhares de aventureiros de muitas raças e de todas as classes invadem o Brasil, contaminados pela febre do ouro. Antonil vê com apreensão as transformações provocadas por essa nova situação. O ouro desestabiliza: provoca a inflação, transfere para o garimpo a mão-de-obra indispensável ao trabalho agrícola, causa a escassez de alimentos, fomenta o crime, estimula o ócio, desorganiza a sociedade. Prosperidade sólida só oferece o trabalho sistemático, além da cultura canavieira, o cultivo do tabaco e o pastoreio.

Ideologicamente, Antonil pertence à raça prometéica – o progresso mais que tudo, o desenvolvimento material acima de conflitos étnicos e sociais. Os prometéicos puros hostilizam a poesia. Não é isso que revela o livro de Antonil. Os prejuízos da ideologia são neutralizados pelo redirecionamento do olhar – importante para a história da literatura brasileira, pela observação atenta, pela arte de narrar. A poesia sabe cavar leitos mesmo em territórios que lhe são hostis.

A ética maquiavélica, transferida para os trópicos, agride a natureza e agride o obreiro degradado a condição de bovinos e muares. O lucro, objetivo único da indústria nascente, abate obstáculos. O homem é o embaraço maior. Por humilde que seja, impõe exigências que não podem ser caladas. Num raciocínio dominado pelo cálculo de lucros imiscui-se a exigência de lazer. Os folguedos, consentidos para retemperar os que trabalham, reavivam a magia. Os movimentos mágicos e poéticos dos dançantes reinventam o sentido em abreviados momentos livres.

Num livro que enfatiza a experiência, que apresenta cálculos de receitas e despesas, surpreende o repentino aparecimento de uma extensa alegoria em que a cana, antropomorfizada, torturada de mil modos até se tornar açúcar, é apresentada como mártir. Os cultores da cana não se isolam, contudo, na crueldade com que tratam a natureza. Prolongam apenas comportamento europeu observável na cultura do linho, do pão, do azeite e do vinho. As considerações de Antonil lembram as reflexões feitas por Bacon no *Novum Organum* (Livro I, LXXXV). O pensador exemplifica a indústria, as "artes mecânicas", que não se fundamentam em axiomas da natureza, com a preparação do vinho, da cerveja e da panificação entre outras delícias da mesa. Antonil e Bacon destacam o domínio do homem sobre a natureza através de conhecimentos que lhe permitem desenvolver a indústria.

João Cabral de Melo Neto retrabalha esse tópico em "A Cana dos Outros":

> 1. Esse que andando planta
> os rebolos de cana
> nada é do Semeador
> que se sonetizou.
>
> É o seu menos um gesto
> de amor que de comércio;

e a cana, como a joga,
não planta: joga fora.

2. Leva o eito o compasso,
na limpa, contra o mato,
bronco e alheiadamente
de quem faz e não entende.

De quem não entendesse
porque só é mato este;
porque limpar do mato,
não, da cana, limpá-lo.

3. Num cortador de cana
o que se vê é a sanha
de quem derruba um bosque:
não o amor de quem colhe.

Sanha fúria, inimiga,
feroz, de quem mutila,
de quem sem mais cuidado
abre trilha no mato.

4. A gente funerária
que cuida da finada
nem veste seus despojos:
ata-a em feixes de ossos.

E quando o enterro chega,
coveiro sem maneiras
tomba-a na tumba-moenda:
tumba viva, que a prensa.

Dos outros... Quem são eles? Como outros, são indefinidos. Outros em relação aos que cultivam a cana. Estes já não são os que sabem, como no livro de Antonil. Obreiros já não podem ser declarados pés e mãos do empresário, anônimo, distante. A unidade se rompeu, o corpo se dividiu. Restam dele pedaços esquizofrênicos. Os operários trabalham sem conhecer a razão dos seus atos. Confundidos com a própria cana no fim do poema, padecem morte sem sentido. O homem, que Antonil apresenta no século XVIII como senhor da natureza, este, na sociedade fragmentada do século XX, ignorante de tudo, não domina mais nem a si mesmo. Das luzes, tombamos na ignorância; da unidade, caímos na fragmentação. Do triunfo, derivamos para o amargo da derrota.

7

A GUERRA DE GREGÓRIO NOS MATOS DA CONQUISTA

O barroco, alentado pela Contra-reforma e imposto ao Brasil, empenha-se em submeter o exotismo e a exuberância das terras conquistadas a uma unidade perdida e sonhada, a Idade Média, idealizada na reconstrução, expurgada de contradições. Declarado está o antagonismo entre o perceptível e o sonho, entre o corpo e o espírito, entre o vício e a virtude, origem do conflito interior expresso no teatro de Shakespeare.

Nos versos de Gregório de Matos Guerra ouve-se a voz silenciada, a outra, a do vício, a da margem, voz de índios, negros e mulatos, voz impura, nociva à sociedade ideal a ser construída. Contra a homogeneidade, a linguagem espúria, a sátira, o ataque, a exposição da fratura. Em lugar da preservação da unidade, os golpes que levam a possibilidades infinitas, prenúncios do vasto mundo de Drummond.

Atento ao passar do tempo, Gregório de Matos aproxima crônica e poesia:

E pois cronista sou.

Se souberas falar também falaras
Também satirizaras, se souberas,
Se foras poeta, poetaras.

Cansado de vos pregar
cultíssimas profecias,
quero de culteranias
hoje hábito enforcar:
de que serve arrebentar,
por quem de mim não tem mágoa?
Verdades direi como água,
porque todos entendais
os ladinos e os boçais
a Musa praguejadora.
Entendeis-me agora?

Permiti, minha formosa,
que esta prosa envolta em verso
de um Poeta tão perverso
se consagre a vosso pé,
pois rendido à vossa fé
sou já Poeta converso.

Mas amo por amar, que é liberdade.

Como cronista, o poeta cede às seduções do fluxo temporal, à banalidade do acontecer diário onde o evento vem com a beleza e a precariedade da flor. Aí os entes brilham e se extinguem sem deixar rastro, se não forem acolhidos pelo cronista no tecido discursivo.

"E pois cronista eu sou." O "E pois" coloca o enunciado na seqüência de uma conversa. Recebemos a conclusão de argumentos silenciados. Do silêncio, berço das significações, nasce o poema. O silêncio, não o discurso pleno, ensina a falar.

"Se souberas falar também falaras." Como aprender a falar sem o magistério do silêncio, mestre do poeta? Este não é o falar cotidiano, veículo de nossas necessidades, companheiro nosso, segunda natureza. Este é o falar que ilumina, que desvenda, que abriga o que escorre entre os dedos de homens industriosos. Não custa lembrar a origem de *falar*, aparentado através da raiz *fa*, a *phaos*, luz, a *fenômeno* – o iluminado ou aquilo que de si mesmo se mostra. O cronista, ao falar, ilumina. Vencido pela avalanche do acontecer, sugere muito mais do que diz. Falando e calando, ensina a falar. Como a pessoa a quem se dirige o poeta não nos exclui, resultado de sua lição é este nosso falar.

"Verdades direi como água." Vendo o compromisso dos poetas com o fluir dos rios, com a inconstância do que perece, com a insistência das sombras, Platão os colou nos degraus inferiores do saber. Um homem social e territorialmente periférico como Gregório de Matos, um marginal, elege a margem como habitação e, contra exclusivismos metafísicos, faz, como cronista, do rejeitado lavoura do saber. Há os que não sabem e os que não devem saber. Em tempos sombrios o saber é vigiado porque altera, porque instabiliza, porque, fazendo história, se organiza em crônica.

"E pois cronista sou." Não se busque o *eu* além da crônica; ele está tão preso ao texto como a forma verbal que, escondendo o eu, o sugere. Até poderíamos dizer que o cronista é produto da crônica, já que ninguém é cronista antes de escrever crônicas. Incerto é o sujeito civil. Quem sabe com certeza o que o cidadão Gregório de Matos de fato escreveu? Certo é o cronista, este, que ao ler, nós próprios moldamos, este com quem conversamos, este que se escondendo e calando nos faz falar. Gregório é tão textual que, vencendo a barreira da morte, fala em todos os versos que lhe são atribuídos. Vivo está como o incógnito e incerto Homero. Vivendo, garante a interlocução e a vida dos acontecimentos.

"Cansado de vos pregar / Cultíssimas profecias..." Está aí a outra personalidade do poeta. Profeta, vate, o poeta foi desde as mais remotas origens. Vaticinar foi uma de suas primeiras funções. Nos versos de Homero, de Hesíodo e de Sófocles profecias vicejam. Os poetas antigos as registram, portadores que são do saber sobre o destino do homem e do mundo. Gregório de Matos vaticina. Para vaticinar basta volver os olhos ao fim: o paraíso, o inferno ou nada. Numa época como a sua, em que a inteligibilidade do acontecer se apaga, o nada usurpa o lugar do sentido. O poeta guerreia vaidades, abre os olhos para a instabilidade de coisas que inteligências tacanhas querem eternas. Profeta é Gregório em "Discreta e Formosíssima Maria", profeta satânico, em vez de ensinar virtudes, prega o vício.

Para um auditório culto, a profecia acontece em linguagem culta. Visto que no instrumento do poeta há vários registros, nada obsta que guarde o vaticínio para ocasiões próprias. Sendo diversas as perspectivas da crônica e da profecia, ao fazer crônica, a capa de profeta cai. Enquanto o profeta ausculta o futuro, o cronista esmiúça o acontecer presente. Registra o que os olhos percebem, o sentido evasivo. Anotando, faz história sem cuidar de perquerir o que se passa além.

"A quem me dirijo?" é pergunta que não foge ao poeta. Os receptores localizam-se em vários estratos na polimorfa Bahia. Para gostos requintados há sonetos elaborados nos preceitos de Góngora e Quevedo, cuidadosamente. Quando o poeta despe a capa da erudição, surgem romances, orais ou vizinhos da oralidade na redundância, feitos na espontaneidade do improviso, amontoado de lugares-comuns na tradição que vem desde a Idade Média. Literatura de taverna, refúgio de boêmios, de mulheres desprotegidas... A esses Gregório canta e encanta em noites vadias. Profecia e crônica ritmam sua contraditória existência, além da sátira ("a Musa praguejadora"), vazada em linguagem vulgar para ser entendida até mesmo pelos menos instruídos: ladinos, escravos já familiarizados com a língua portuguesa e boçais, cativos recentemente trazidos da África. A diversidade populacional, maior na Colônia do que na Metrópole, fragmenta a linguagem.

Gregório é um cronista peculiar. Nem todos praguejam. Praguejar convém melhor ao profeta. Quem não amaldiçoa não pode abençoar. Abençoar não é a virtude maior de Gregório. Não faltam louvações a potentados em sua obra. A mediocridade de seus encômios mostra que eles não foram redigidos em horas criativas. Na incerteza de epifanias messiânicas, o poeta dardeja o mal sem anunciar dias melhores. Já disse Dante que a falta de esperança caracteriza o inferno. A alcunha Boca do Inferno ajusta-se a Gregório. O poeta que em dias melhores foi a voz da comunidade distancia-se dela e a julga. Lembra o poeta-juiz de tempos antigos, mas sem o aplauso da comunidade. Falando em nome dos que foram privados do direito de falar, recebe a adesão em ambientes reservados, de violentados vingados pela violência. O satírico empenha-se em recuperar a força debilitada no discurso oficial. Sendo discurso privado, deixa indefeso quem o profere. O discurso que foi unitário em tempos sonhados, paradisíacos se rompeu. A boca que se abre contra paraísos construídos por açambarcadores de privilégios é a do inferno. A aventura colonialista qualifica pejorativamente a denúncia.

"Permiti, minha formosa, / Que esta prosa envolta em verso..." Na prosa, onde os signos aderem aos referentes, a linguagem congela em convenção. A poesia, ao quebrar a unidade signo-referente reconquista a fluidez. Perverso é o poeta que perverte convenções. Dele é a poesia necessária. As metáforas dessa forja despertam sentidos silenciados. Movimentos livres hostilizam preceitos. Poetar por poetar e amar por amar respiram a mesma liberdade. "Perverso" define comportamento social e verso. Na conversa com "minha formosa" desponta o poeta converso das refregas cotidianas. Ao pé desse ouvido acolhedor podem "arrebentar" sentimentos que deixariam insensíveis corações profanos. Silenciadas ira e baixeza, soam palavras de ternura.

Há o invólucro, a metáfora, metáfora de metáfora, em cadeia ampla como os círculos que se abrem no espelho do lago. Invólucro é ornamento? Ornamento, sim; ornamento que se põe em lugar do corpo ornamentado, ornamento que seduz como simulacro. Invólucro é verso, é versão; uma versão entre muitas, versão que gera outras versões. À medida que o poema avança, a perversão se aprofunda, distancia-se do cotidiano, atrai para o invólucro, o simulacro, o verso; versos, em lugar de coisas; em lugar da prosa, versos – perversão poética, perversão barroca, deformação maneirista. Perversão poética não se logra sem arte: "se foras poeta, poetaras".

O arbítrio, ainda que exile o poeta, não exila o discurso por ele desencadeado. Negada à página impressa, a poesia gregoriana prolifera em folhas manuscritas. Gregório de Matos, não o homem, o nome, símbolo da revolta, congrega as angústias, os protestos de muitos, vertidos em muitos e muitos versos.

Nem tudo se reduz a barroco e maneirismo, a formas eruditas, na poesia de Gregório. Os estilos da classe culta nunca detiveram o fluxo da arte popular que desde a Idade Média atravessa os séculos. Surja um Rabelais, e aparecem obras que desarmam os tratadistas da arte cultivada no topo. Os poemas ligados aos órgãos excretórios em linguagem vulgar deixam clara a origem. Não espanta que as classes humildes, empenhadas diretamente na reprodução vegetal e animal transformem seus afazeres em arte.

A atenção de Gregório oscila entre o vulgar e o sublime como se observa neste soneto:

> Discreta, e formosíssima Maria,
> Enquanto estamos vendo a qualquer hora
> Em tuas faces a rosada Aurora,
> Em teus olhos e boca o Sol e o dia:
>
> Enquanto com gentil descortesia
> O ar, que fresco Adônis te enamora,
> Te espalha a rica trança voadora,
> Quando vem passear-te pela fria.

Goza, goza a flor da mocidade,
Que o tempo trota a toda a ligeireza,
E imprime em toda flor, sua pisada.

Oh não aguardes, que a madura idade
Te converta essa flor, essa beleza,
Em terra, em cinza, em pó, em sombra, em nada.

Dois são os conjuntos metafóricos: a eternidade nos quartetos e o tempo nos tercetos. Nesses dois conjuntos movem-se os signos. Os tercetos, encabeçados por um imperativo repetido: "goza, goza", opõem, na sofreguidão de viver, as delícias do corpo à serena imobilidade dos quartetos. A ordem de gozar adverte a corrosão da formosura exaltada. O apelo ao gozo ostenta o vigor retórico do raciocínio abreviado. Recuperemos o encadeamento dos silogismos: a beleza feminina passa, Maria é mulher, logo, a beleza de Maria passa; importa desfrutar o que passa, a juventude passa, logo, desfrute Maria da juventude que passa. Em lugar de silogismos desenvolvidos, o entimema revestido de metáforas. A razão vigilante (o conceito) sustenta o poema. A fixidez não é esta, outra é a realidade que atrai interesse sadio: a beleza distante, negada aos olhos, escondida no longínquo mundo das idéias; na versão agostiniana, idéias de Deus. Aqui se encontram simulacros só: a "flor da mocidade", a "rosada aurora", "essa flor", "essa beleza", ameaçadas pela madura idade, prenúncio da morte. Do geral somos levados ao particular. O último verso conduz, na síntese nominal, com rapidez, da terra ao nada, através de cinza, pó e sombra. Os tercetos despem a indumentária mítica com que se recobrem os quartetos.

Na justa observação de Sarduy, o barroco encadeia metonimicamente significantes em torno de um significante ausente, a beleza em si. Há perversão em jogo, perversão poética, mas perversão. Em vez de procurar a beleza em si, o olhar se prende ao reflexo: pele, cabelos, cor, aurora. Vieira denuncia o mesmo desvio no sermão do "Demônio Mudo". O pregador adverte o risco da fé religiosa, ameaçada pelo olhar das monjas que em vez de se contemplarem no modelo imperecível e imaterial criado por Deus deixam-se encantar pelas formas inconstantes, devolvidas por superfícies polidas. Tempo e eternidade comparecem opostos tanto no sermão como no soneto. Este é o princípio dos signos em rotação da poesia contemporânea. As alusões míticas reduzidas a signos sem referentes reais traduzem a melancolia de um mundo distante dos ideais sonhados.

O barroco brasileiro, não só o do Nordeste no século do açúcar, mas também o de Minas no século do ouro, repousa sobre a riqueza, meta do colonizador. Os signos, abundantes, ricos, não se abrem transparentes ao objeto; escondem o objeto na opulência. Os índices de riqueza, mais importantes do que aquilo que revestem, ficam a bailar no jogo das substituições, baile de significantes. Maria, reflexo da Virgem mãe de Deus, além de simbolizar todas as mulheres jovens e belas abraça metaforicamente o universo das riquezas sofregamente acumuladas pelos conquistadores. Importa consumi-las antes que a morte nos devore. O requinte das iguarias, vestes luxuosas, arquitetura imponente seguem o apelo do poeta. A fome de gozo inflama a exploração ibérica desde o fim da Idade Média. O esbanjamento das riquezas adquiridas com a venda das raridades que abarrotavam os navios apressou a morte de Portugal como potência hegemônica.

Maria, o nome próprio, o fixo que dá ilusão de constância, vem precedido de dois atributos: *discreta, formosíssima*. Visto que o adjetivo *secreto* conota associações esmaecidas, tentemos recuperar-lhe o significado em Gregório. *Secreto* abriga virtudes da classe alta, em oposição ao homem sem lustre social, o homem vil. Como *sábio* e *entendido* em outro lugar, *discreto* é fruto de reconhecimento. A admiração torna Maria discreta, formosa, em oposição à mulher desprestigiada, humilhada. A aparência sedutora completa o modelo feminino. Temos no primeiro verso o ideal, o constante, não contaminados por caraterísticas individuantes. As duas qualidades, unidas e complementares, excedendo o constatativo, querem-se performativas, exige-se da mulher o que elas significam. A mulher adjetivada afasta-se no desejo de eternidade dos apelos do corpo.

O segundo verso e o quinto, introduzidos por *enquanto*, temporalizam. Estabelecidas estão as oposições: essência-aparência, eternidade-tempo, vida-morte. Os olhos voltam-se ao aparente. O correr das horas não anula a impressão de constância na superfície que se desgasta. No rosto de Maria o tempo parou, as horas não correm, embora o tempo exista para o observador atento à alternâncias aurora-crepúsculo, sol-lua, dia-noite. No rosto de Maria, contudo, é sempre dia de sol. A ilusão da constância se registra na maiúscula de *Aurora*.

O espaço mitificado completa a ilusória eternidade. A mulher discreta, como se corpo não tivesse, vive num ambiente irreal, fabuloso. Exemplarmente bela, Maria não é amada só por homens, de sentimentos inconstantes, mas também por uma divindade mítica. A paixão de Adônis, o deus primaveril, confirma-lhe a beleza divina. Até o erotismo se eterniza.

Frutos do ver, os quartetos estampam o desejo de beleza eterna, alojado no contemplador. As imagens produzidas pelo desejo encobrem as formas precárias do que passa. Impossível satisfazer o desejo refletido no olhar, impossível deter a marcha do tempo, que aniquila com implacável crueldade.

Digno de registro é o efeito dos significantes sonoros. O *i*, erguido a posição tônica no festejado nome de *Maria*, ilumina-se em *dia*, deitando sol sobre *descortesia* e *envia*. Nos tercetos, a luminosidade do *i* comparece em posição tônica uma só vez em *cinza*, como a indicar o fogo que se extingue sob os restos da combustão. Dominam a cena vogais graves: *a, o, e*, índices da mobilidade que sucumbe no silêncio de *nada* e do soneto.

A face do poema semelha o rosto de Maria, diacronicamente visto. No percurso da leitura, o tempo passa, pisa, levando na combustão de horas, dias e anos, a aparência do estável à cinza. O tempo do soneto, miniatura do tempo de uma vida, inscreve na pele-do-rosto e da página-significantes móveis em metonímico desfile sobre nada.

Gregório de Matos, o homem culto que migrou para a margem, se impregnou da arte popular; esteve atento a vozes estranhas, a barbarismos a que abre as portas sagradas do soneto não obstante obstinados preconceitos seus:

Há cousa como ver um Paiaiá
Mui prezado de ser Caramuru,
Descendente de sangue de Tatu,
Cujo torpe idioma é cobé pá.

A linha feminina é carimá,
Moqueca, pitinga, caruru,

Mingau de puba, e vinho de caju
Pisado num pilão de Piraguá.

A masculina é um Aricobé
Cuja filha Cobé um branco Paí
Dormiu no promontório de Passé.
O branco era um marau que veio aqui,
Ela era uma Índia de Maré
Cobé pá, Aricobé Cobé Paí.

Gregório resiste. Resiste como resistiram Caminha, Nóbrega e Vieira. Entretanto, como nenhum deles, Gregório é vencido. Os sons tupis soam-lhe aos ouvidos nas ruas e nas casas da Bahia. Estão ligados aos manjares que lhe são servidos, delícias do paladar, malgrado seu. O poeta não se alimenta só da cultura européia na mestiça Bahia, come literalmente hábitos índios; o segundo quarteto é feito só de pratos indígenas. A cultura exótica passa pelo aparelho digestivo desde o paladar. Queiram-no Gregório e os seus receptores ou não, a culinária indígena se impõe, a sonoridade bárbara também. Gregório vê, ouve, degusta e digere costumes tupis. É a antropofagia cultural em ação. Dessa vez, não é o brasileiro que se alimenta da cultura européia, é o europeu que come Brasil. Não se inserem no texto apenas alguns nomes exóticos para efeitos de cor local. O som explosivo em *pá* atravessa o soneto de início ao fim. O poeta devora com ódio, o que é próprio do ritual antropofágico, com ódio e respeito. Não espera que o sentido das palavras seja decifrado pelos seus cultos leitores. Interessa-lhe mais explorar o efeito distanciador do estranho. Leia-se o soneto "Neste mundo é mais rico, o que mais rapa", e se verá que a sonoridade indígena lhe corre no sangue, o do poeta, produto do soneto. A violência explosiva do *pá* é coluna mestra do soneto "Neste mundo é mais rico, o que mais rapa" sem referência semântica à cultura indígena. A assimilação indígena é material, sonora; significantes foram incorporados.

Cronista que é, o poeta narra sucintamente uma história banal. Uma índia tupi, de sangue Tatu, é possuída ao ar livre por uma aventureiro ibérico. O pajé ("paiaiá") que se faz passar por branco ("caramuru") é filho dessa ligação espúria. Descendente de Tatu, o pajé conserva as características de seu fictício ancestral: a animalidade, o vagar noctívago, a natureza selvagem, o alimento rústico – raízes, frutos, insetos. Está aí a nobreza mestiça, caricatura da européia. Enquanto os nobres de além-mar, descendo pelo tronco da árvore genealógica, alcançam raízes que se afundam em séculos remotos, o pajé caramuru não conhece nem o pai. Sendo o sistema matrilinear, como se comporta a linhagem feminina? Ela é jocosamente toda culinária. As mulheres não são conhecidas pela nobreza de seus ancestrais, mas pelos pratos que sabem preparar. A identidade dos bárbaros é construída em oposição aos civilizados. A metáfora, reunindo unidades distantes (índia-culinária), reduz a mulher nativa a alimento oferecido à lubricidade devoradora dos europeus.

O texto não impõe o ponto de vista de Gregório. Ele tem muitas faces. Altere-se a perspectiva e leremos a paródia das respeitadas linhagens européias, que se dissolvem na desordem latino-americana. A sonoridade da língua do pajé impregna as formas castiças trazidas do Velho Continente. O pajé, silenciado a grito por Nóbrega, fala agora na língua dos dominadores. A magia vence o cálculo da opressão.

A língua falada nas ruas de Salvador afeta até a sintaxe como se lê no primeiro terceto. "Dormir uma mulher" no sentido de possuí-la não tem registro na língua culta. Para significar relações sexuais diz-se corretamente "dormir com". Novos sons e novas maneiras de dizer florescem na língua dos conquistadores.

O barroco tinha lançado a moda do vocabulário e da sintaxe fulgurantes. Ora, estilo requintado é próprio de sociedade requintada. Gregório também o cultiva. Mas a mistura – e isso importa – com formas coloquiais, indígenas, africanas, chulas. Pratica mestiçagem textual. Não opera a síntese entre o europeu e o autóctone, o culto e o popular, o castiço e o alienígena, prática modernista. Marca, ao contrário, o conflito de culturas violentamente aproximadas. Atento ao que o circunda, justapõe o que se repele. Cria textos que não resultam da terna aproximação das raças, mas de atos humilhantes e violentos. Produz páginas de literatura marginalizada, humilhada, degradada para homens sujeitos à mesma sorte. Se Gregório exorciza barrocamente a natureza, ao admitir o índio o exorcismo falha.

Não obstante a inclinação europeizante de Gregório, mostra-se em seus versos o rosto da América, o sofrido rosto da América, as feridas da conquista, a melancolia de muitas perdas. As linhas desse perfil não somem atrás de esquemas ideais:

> Neste mundo é mais rico, o que mais rapa:
> Quem mais limpo se faz, tem mais carepa:
> Com sua língua ao nobre o vil decepa.
> O Velhaco maior sempre tem capa.

Mostra o patife da nobreza o mapa:
Quem tem mão de agarrar, ligeiro trepa;
Quem menos falar pode, mais increpa:
Quem dinheiro tiver, pode ser Papa.

A flor baixa se inculca por Tulipa;
Bengala hoje na mão, ontem garlopa:
Mais isento se mostra, o que mais chupa.

Para a tropa do trapo vazo a tripa,
E mais não digo, porque a Musa topa
Em apa, epa, ipa, opa, upa.

A linguagem, coloquial outrora, já não é a que usamos todos os dias. Várias palavras se escondem nos dicionários. Tolere-se a paráfrase, não deixa de ser um nível de leitura:

Neste mundo é mais rico quem mais rouba ("rapa"). Quem aparenta maior integridade ("limpo") é o mais corrupto ("carepa" = caspa, pó na superfície das frutas secas). A língua do homem indigno ("vil") fere o íntegro ("nobre"). As artimanhas dos velhacos circulam acobertadas.

Eu, o desqualificado ("patife"), vou traçar o perfil da nobreza falsa. Os espertos realizam rápida ascensão social. Os que menos direito têm a censurar os corruptos são precisamente os que mais gritam. O dinheiro dá acesso até ao trono papal.

O homem da mais baixa categoria se apresenta como de alta nobreza. O que hoje anda de bengala (símbolo de distinção) ontem realizava atividade artesanal, manejava a plaina ("garlopa"). O que mais explora ("suga") se quer reconhecido como o mais inocente.

Defeco ("vazo a tripa") sobre a camarilha de degenerados ("trapo"). A minha arte poética se exprime em apa... Onomatopéias de defecar?

Trata-se de uma peça comprometida. O poeta agride uma sociedade adventícia de equívoca dignidade, contaminada de ações ignóbeis na concretização de aspirações. Estamos longe da exaltação renascentista que eleva os navegadores a alturas olímpicas. Gregório de Matos nos conduz a um mundo com sinais de rachaduras. A palavra poética não facilita o trânsito entre a aristocracia colonial, alicerçada no cultivo e na transformação canavieira, e o homem do povo. O poeta, identificando-se com os preteridos, ataca a rapineira ascensão social.

O soneto, trazendo implícita a pergunta: "onde estou?", desvenda quadro melancólico da sociedade urbana no território colonizado. Já não ouvimos cândidos cronistas exaltarem as riquezas da terra. Tocamos os malefícios de um conflito epocal e espacialmente situado.

A ótica de Gregório de Matos não é sempre a dos desfavorecidos. Há poemas em que fala como aristocrata. O conflito mostra-se complexo. As oposições coexistem inconciliáveis na carne da obra gregoriana à maneira do que acontece no corpo da sociedade colonial.

Não se busque em Gregório o início da consciência nacional. É inadequado e prematuro solicitá-la a um náufrago num aglomerado populacional recente, ilhado num continente habitado por aborígines. O que há é uma sociedade em formação, com características próprias; é nela que o poeta se exprime.

O jogo das oposições que atravessa o soneto de princípio a fim, marca do estilo barroco que à época domina o

Ocidente, não proclama originalidade. Constatada a dependência de Gregório a modelos gerais, não cessa a tarefa do investigador. Importa notar singularidades nas oposições. Gregório contextualiza. Recorre à oposição para representar o conflito dos homens de sua cidade. A oposição surge nos seus versos como instrumento de compreensão, de análise, de crítica.

A ênfase cai agora sobre este mundo, o da crônica, da história, dos signos permutáveis, das metonímias. A tópica do em cima e do embaixo, do oculto e do manifesto denota preocupação ética. As posições estão trocadas; há ricos que não deveriam sê-lo. Experimentamos o mundo abandonado, o do maneirismo, o da melancolia, a que não escapa nem a religião, destinada a pôr ordem nas coisas. O chefe da Igreja, estrategicamente colocado no centro do soneto, não ilumina o universo, visto que a púrpura pode revestir um aventureiro que subiu ao topo através de métodos reprováveis, hostis aos ideais apregoados.

O último verso, recapitulando as rimas, efetua a leitura crítica de si próprio. A disposição rimática, não sendo fruto de achados ocasionais, denota vigilância. O início das cinco rimas percorre as cinco vogais na ordem do alfabeto: *a*pa, *e*pa, *i*pa, *o*pa, *u*pa. A seqüência lembra os exercícios a que submetemos as crianças ao iniciá-las na leitura. É como se o poeta estivesse aprendendo a escrever. O ludismo do último verso caracteriza a arte barroca como exercício de liberdade. Rompidos compromissos retratistas, vem o brinquedo. Faz-se da arte poética jogo, evidente também na seqüência anafórica *tro, tra, tri* do último terceto.

O jogo, insinuando-se em assunto sério, denuncia a racionalidade, tantas vezes opressiva. Opressiva ela se comporta quando os detentores do poder recorrem ao cálculo para controlar, dominar, prever atos livres e cerceá-los. O jogo explode no interior do cálculo e o desarticula. Caem no ridículo até recursos poéticos, herança dos aquinhoados. O poeta ironiza sua própria arte. Musa já não é a voz do alto, silenciada; Musa é a arte poética, o brinquedo. A seqüência apa-epa-ipa-opa-upa se arredonda em conjunto pleno, pleno de nada, significantes sem significados, dejeto, produto da tripa. Convivemos com a coprofilia gregoriana, copiosa na arte popular. Através dela a cultura do vulgo invade a nobreza do soneto, elevada criação neoplatônica que é. Em lugar das depuradas visões de Petrarca, a escória, a matéria, o nada, o significante reduzido à sua exclusiva materialidade.

Não se atribua relevo indevido a versos em que Gregório defende o emprego de termos chulos com a justeza da linguagem adâmica. Ele, com certeza, não entendia que a linguagem assumira o rigor de segunda natureza, nem pretendia que o pai da humanidade tivesse falado português. Traiçoeiras são as definições do ironista. Sempre há o risco de que o dito esconda o contrário do uso corriqueiro das palavras. Veneração ao uso consagrado dos termos obstaria as ousadas liberdades da metáfora, instrumento básico da poesia barroca, livre como as formas e as cores nas artes plásticas. O soneto sublinha o som como som no lugar que a tradição literária reservara à chave de ouro. A ênfase no som declara abalado o casamento significante-significado. Pleiteada a liberdade verbal, o poeta brinca, cita, traduz. Naturalizado no país das palavras, borram-se as imagens do que se estende além delas. Isso não lhes tira a força. Libertas das convenções, o poeta pode devolver as palavras à forja para as retemperar, arremessando-as, renovadas, contra ilusórias fortalezas.

O sério e jocoso, o corpo e o espírito cindem-se em impossível totalização. Já não se passa de um extremo ao outro com as franquias conferidas no sistema platônico. Há proibições. Passar é transgredir. O poeta transgride para afrontar.

João Adolfo Hansen destaca o caráter sentencioso do soneto, montado de adágios colhidos de fonte oral, manancial de que Gregório com freqüência se abastece. A popularidade dessa modalidade de poetar, freqüente em autores seiscentistas, é atestada por uma troca de sonetos entre o padre Antônio Vieira e seu irmão Bernardo, proponente do jocoso esquema rimático visto. Desleixado muitas vezes, como observa José Veríssimo, o Boca do Inferno retrabalha agora a matéria com a arte que o distingue. A pausa, inscrita pela vírgula nos quiasmos, introduz o avesso de expectativas sensatas; a riqueza não é fruto de bênção divina mas de operações desonestas, o aparentemente limpo é paradoxalmente o mais sujo, o maldizente impune fere o nobre... Mapeia-se um mundo injusto, absurdo, sem governo; sobram razões ao poeta para votar-lhe desprezo.

Vieira, eclipsado pela superior arte de Gregório em verso, deixa sobre o tema página inesquecível num sermão proferido em Lisboa (1655), o do "Bom Ladrão", em que o pregador condena a rapinagem praticada em todas as partes do extenso Império, tanto no Oriente como no Ocidente. Afirmando que os portugueses furtam em todos os modos, tempos e pessoas, acrescenta outros modos como o mandativo, conjugado por aqueles que mandam furtar e o permissivo, encontrado na gramática dos que permitem furtar. O pregador reinterpreta ainda modos já conhecidos. O conjuntivo é usado por espertalhões que juntam pequenos cabedais a grandes fortunas. O infinitivo é modo eleito por governantes que cultivam a arte de furtar além do mandato, deixando raízes de desonestidade aos sucessores em benefício da prática de furto sem fim. O sermão de Vieira confirma a hipótese de que o soneto de Gregório retrata a situação dos territórios colonizados. A universalidade, convincentemente investigada por Hansen, não elide a concretização do modelo em tempo e espaço precisos.

Vanguardistas perseguem a origem da violência brasileira em resposta à agressão do conquistador e a localizam em Gregório de Matos. Assevera Augusto de Campos, um dos corifeus do movimento concretista:

Sem a boca do inferno do nosso primeiro antropófago, esse baiano e estrangeiro que deglute e vomita o barroco europeu e o retempera na mulatália do sincretismo tropical, não há formação – por mais bem intencionada – que informe o que há de vivo por trás dessa coisa engraçada chamada literatura brasileira.

A observação detida da arte gregoriana leva Augusto de Campos a apontar Gregório de Matos como o maior poeta do Continente em sua época, deixando muito atrás a pobre literatura piedosa dos colonos da América do Norte, totalmente dependente dos centros religiosos das terras de origem.

Insistamos na antropofagia. Será adequado apontar Gregório, um brasileiro formado e profissionalmente estabelecido em Portugal, um tupi devorando barroco europeu? Não devemos trocar o ponto de vista e considerar Gregório um barroquista europeu, triturando exotismos brasileiros? Antes de devorar fomos devorados. A antropofagia modernista foi nossa vingança. Somos precipitados se já a queremos no século XVII.

Affonso Ávila, outro poeta renovador, que faz em *O Lúdico e as Projeções do Mundo Barroco* exaustiva e aplaudida exploração da arte que produziu monumentos memoráveis em Minas, sublinha o relevo antropofágico da poesia gregoriana. Segundo o ensaísta, Gregório introduz na poesia de língua portuguesa sensibilidade e linguagem novas, merecedoras, com justiça, da denominação de brasileiras. Libertando-se das soluções artificiosas de Góngora e Quevedo, contrárias à linguagem coloquial, o poeta baiano teria inventado um jogo franco, em que a denotação abranda a alusão conotativa dos espanhóis. Na poesia do poeta baiano emergiria também nova ordem de significados, derivada do nosso *melting pot* brasileiro com a substituição de cultismos de origem grega e latina pelo exotismo dos termos de origem africana e indígena. Sensível à formação rudimentar da sociedade baiana, Gregório, segundo Ávila, busca no cultivo da sintaxe e do vocabulário coloquiais este leitor peculiar, bem diverso dos requintados receptores dos poetas europeus.

Fritz Teixeira Sales, no ensaio *Poesia e Protesto em Gregório de Matos*, considera a mistura vocabular praticada pelo Boca do Inferno antecipação do *Macunaíma*, obra com que tão profundamente nos identificamos na busca do caráter nacional. Macunaíma não é, entretanto, um antropófago à altura de Mário ou de Oswald. Sôfrego devorador da cultura européia, não chega a assimilá-la, razão por que se perde numa vida de desacertos. Com Macunaíma, Mário retrocede aos passos iniciais da titubeante cultura brasileira. Dele se distingue Gregório, o devorador europeu da cultura indígena, esporádico, contrariado.

Como se vê, a pergunta "onde estou?" sustenta a farta criação de Gregório. O que impede que se veja aí a literatura brasileira nascente, muito antes de se pensar na autonomia política do país?

A pergunta "onde estou?", donde partimos para determinar a literatura colonial, foi posta em lugar central por Roberto Gomes em *Crítica da Razão Tupiniquim*:

> Assim, desde o início, a questão a respeito do que sou, remete à pergunta: onde estou? E onde estou? Num tempo, num lugar, entre coisas que me rodeiam, pessoas com que falo. A consciência é primariamente este contato com a proximidade, com os contornos que imediatamente me chocam, exigem e perturbam. Estou em determinado lugar e, a partir dele, principio a ser. Antes estou, depois sou.

Gregório de Matos sentiu superiormente o contato com a proximidade. Foi a sensibilidade do imediato que o tornou atento à corrupção dos dirigentes, à mestiçagem, ao modo peculiar de falar. Vestindo trajes europeus, sentiu também inclinação à indumentária mais simples. "Temos horror à pompa", observa Roberto Gomes. O carnaval carioca poderá infirmar a tese. Mas foi a pompa barroca o que Gregório ostensivamente maculou. Roberto Gomes nos adverte do perigo de atitudes sérias que provocam submissão a modelos alienígenas. Temos por sério o consagrado nos centros de prestígio. O ensaísta manda que se reflita sobre o vigor da piada, a piada crítica praticada por Oswald de Andrade. Se importa descer às raízes da piada, chegaremos ao temível baiano, ferino a ponto de o exilarem.

Ao refletir sobre literatura nacional, somos levados por diferentes caminhos a Gregório de Matos. Já não se pode negar-lhe enérgico impulso no processo da diferenciação, inaugurando linhas que fecundam reflexões recentes e alimentam empresas vanguardistas. O barroco é um código, na acepção que Jakobson dá ao termo. Adverte Iuri Lotman que o texto não encarna só um código, opera a confluência de vários. Se a advertência é pertinente para a adequada interpretação de fenômenos culturais coletivos, impõe atenção ainda maior ao leitor de textos criativos e complexos como os de Gregório de Matos. Se, para decifrá-los, recorremos ao barroco como código exclusivo, permanecemos insensíveis ao leque da oferta gregoriana. Arremata Lotman:

> Ao que parece, por analogia com as línguas crioulizadas, é necessário ter em mente que se durante os contatos culturais ocorre a unificação de duas hierarquias compatíveis de códigos obtém-se um novo tipo cultural.

Em Gregório de Matos, pela incorporação das camadas inferiores da população com os seus hábitos, conflitos e linguajar, observamos a crioulização do barroco, a nossa maneira de produzir arte maneirista.

Detectamos em Gregório de Matos a literatura nacional como nascente. Inserido em novo contexto, o estilo transplantado desenvolve potencialidades que teriam permanecido adormecidas no solo de origem. Diferenciações, interpenetrações fecundas provocam a proliferação de textos. A produtividade dos primeiros esboços emerge na disseminação deste século. Não se trata de impor ao século XVII visões do século XX, mas de avaliar nesta periferia a natureza da desagregação e as tendências da rearticulação atuante desde o gótico medieval. Receptores dessa tradição, não a carregamos passivamente. A tradição se mantém viva, regenerada pelas gerações que nela se reconhecem. Se descobrimos em Gregório de Matos a literatura como nascente, é porque nós a fazemos nascer aí, conduzidos não por partidarismo ideológico mas por força da nossa própria produção textual.

8

UM LÍRICO SUBSERVIENTE

No século XVIII, os poetas comprometidos como o iluminismo, embora tivessem rejeitado as musas em benefício da razão, de regras objetivas, de concepções laicas, vivem ao abrigo dos soberanos em cujo interesse falam. Divina era sua fala como divino era o poder dos reis. A alvorada romântica, que se anuncia ao redor da metade dos anos setecentos, ataca a objetividade racionalizada, os poetas palacianos e a nobreza que os ouve e os sustenta. Os novos, hostis a normas éticas e estéticas, refugiam-se em si mesmos e, em nome de genialidade misteriosa, proclamam o direito de cultivar suas próprias normas éticas e estéticas. Herder, desvinculando o gênio de poder que o exceda, entende-o como força da natureza, como voz do povo. A língua, já não sendo instrumento da inteligência, é fundamento e determina a inteligência. O gênio da língua – disse Herder – é o gênio da literatura de uma nação. A criatura, dotada de poder divino, toma o lugar do Criador. A obra literária é agora criação da genialidade do autor. Essa insurreição demoníaca é favorecida pelo panteísmo de Spinoza.

Já era freqüente, desde princípios do século XVIII, chamar poetas de gênios. Tomás Antônio Gonzaga não se inscreve nessa tradição. Para ele, gênio ainda era fenômeno que estimulava o poeta de fora. Essa atitude moderada do poeta de Minas mostra o caráter dúbio dos súditos da coroa portuguesa residentes na Colônia. Poetas da corte, em virtude da distância e da posição politicamente marginal, os do Brasil nunca foram. O maneirismo de Gregório de Matos maculou-se de vozes impuras, ouvidas da boca de índios, negros e mulatos, sendo o poeta baiano causticamente impiedoso com quantos chefetes e clérigos se entregassem a desmandos nestas lonjuras. Os seus versos foram tão ásperos que lhe trouxeram a malquerença, o cárcere e o exílio para confins piores que a Bahia.

Nem mesmo Vieira – se quisermos empregar poesia em sentido amplo – poeta do púlpito, privilegiado por primorosa formação, freqüentador de cortes, aceitou irrestritamente imposições do trono ou da cúria. Sua voz fez tremer a coroa e a igreja, abalando, contrariamente a Camões, a fé e o império. O pombalismo de Basílio da Gama não sufocou os pendores do poeta pelas populações indígenas, aniquiladas pelos canhões ibéricos. A literatura brasileira se desenvolve à margem do poder.

Tomás Antônio Gonzaga, embora português, amigo de mandatários portugueses e embora cometesse esporadicamente versos encomiásticos a detentores do mando, optou discretamente pela poesia bucólica, colorida de aspectos paisagísticos locais, encoberto sinal de evasão da cidade e da vida cortesã; evasão tímida, mas já suficiente para anunciar outros ares. Não se espere dele voz insolente, revoltada e independente. Suficientemente corajoso para escrever, ao que parece, as *Cartas Chilenas*, não suportou com serenidade varonil os rigores do cárcere. Os versos escritos na prisão estão impregnados de timidez subserviente e de alegações de inocência.

Em suas *Poesias*, Cupido se aconselha com os gênios sobre a maneira de "cativar" Dirceu. Os gênios se declaram incapazes. Um deles, um "dos gênios mais sagazes", diz que

> só as graças de Marília
> podem vencer tão duro,
> tão imenso coração.

Os gênios descem a Marília.

> Os primeiros se ocultaram
> da deusa nos olhos belos;
> qual se enlaçou nos cabelos,
> qual às faces se prendeu.
> Um amorzinho cansado
> caiu dos lábios ao seio,
> e nos peitos se escondeu.

Nítidas se fazem a negação do poder divino e a divinização da mulher. Identificada com a vida campestre, onde reina como deusa, divinizada resulta a terra, a natureza, domínio do homem. Estes versos não lembram Píndaro, cantor da cidade e de seus heróis. Repete-se a situação dos poetas do período alexandrino. O homem que perdeu a proteção da cidade e de seus deuses procura o divino na paz dos campos, onde o divino esplende na fertilidade da terra, das plantas e dos animais. Unida à terra, Marília é deusa fecunda, e o poeta a sonha procriando.

O canto, não podendo provir de um céu sem deuses, vem, através dos sentidos, da mulher divinizada, e o poeta a protege, lembrando o navegador antigo, seduzido pelas sereias.

> Põe as mãos sobre os ouvidos,
> cerra os olhos e, constante,
> não quer ver o semelhante,
> não o quer ouvir falar.
> Qual Ulisses noutra idade
> para iludir as sereias
> mandou tambores tocar.

Com a evocação do exemplo clássico, a sedução artística e a sedução amorosa se confundem. A atração física requer agora o lugar da voz coletiva, do alto, para explicar a origem do canto. Cupido, derrotado pela resistência de Dirceu, entrega aos gênios, que se confundem com o corpo de Marília, o que a divindade não alcança. O corpo da mulher, a natureza divinizada, toma o lugar dos deuses mitológicos, desacreditados. Cativo, Dirceu desenha um retrato de Marília e arremata:

> Sim, Marília, a cópia é tua,
> que Cupido é deus suposto:
> se há Cupido, é só no rosto,
> que foi ele quem venceu.

Marília absorveu todas as virtudes do "deus suposto". Habitada pelos gênios sedutores, incendeia o desejo. A falta faz cantar. Os gênios do Amor pervadem a natureza inteira: amam as avezinhas, amam os peixes, amam os brutos ímpios, a serpente venenosa, a onça, o tigre e o leão. Como poderá Marília isentar-se da lei da Natureza? O amor entendido como lei preserva os sentimentos na contenção racional do século XVIII. Embora seduzido, em momento algum o poeta deriva para a intensidade sem freios da paixão romântica. A imaginação o leva ao pacato abrigo do lar, ocupado com os seus deveres profissionais, o prosaico exame dos autos, na companhia da esposa, a mãe de seus filhos, lendo-lhe versos. No século XVIII, as leis do universo, satisfatoriamente fortes, excluem excessos que levem à degradação. O amor não vem associado à liberdade como nos tempos da psicanálise, mas ao cativeiro, doce cativeiro, mas cativeiro. O poeta sabe-se impelido pela mesma força que agita as abelhas, o vento, o cisne e a nau. Em lugar da liberdade, a fatalidade. A razão não tolera a loucura, o acaso, e tem um objetivo claramente fixado.

> Esta chama é inspirada
> pelo céu, pois nela assenta
> a nossa conservação.

O gênio, substituindo determinações metafísicas, ativa todos os pendores do universo. Acima dos gênios está o gênio, potência erótica universal refratada nos pendores diversificados, manifestem-se na guerra, na navegação, na astronomia ou no mar. Gênio e gosto se confundem no vigor que anima a totalidade.

> Enquanto pois, Marília, a vária gente
> se deixa conduzir do próprio gosto,
> passo as horas contente,
> notando as graças no teu lindo rosto.
> Sem cansar-me a saber se o sol se move,
> ou se a terra volteia, assim conheço
> aonde chega a mão do grande Jove.

O "próprio gosto" não se desvincula dos princípios que regem a totalidade. Não havendo limites entre a objetividade e a subjetividade, o peculiar se dilui no geral donde lhe vem a energia. Nem se traçam fronteiras entre sentimentos e razão. O mesmo poder que leva Galileu a refletir nos movimentos da terra e do sol prende a atenção de Dirceu no rosto de Marília. Entre o compasso do sábio e os versos do poeta não há diferença de relevo. Tanto o gosto pelo universo como o gosto pela mulher amada são modalidades de conhecimento que levam a compreender "a mão do grande Jove", os procedimentos da natureza poderosa.

As musas são agora forças da natureza, e é ela que torna divina a voz do poeta. Não admira que venha armado do poder mágico que distinguia o canto de Orfeu, a que não resistem as aves, o vento e o gado. O poder universal robustece o canto. Um com a natureza, o poeta se contenta em compreender a si mesmo e o que o engloba. Nem aprisionado protesta. Subserviente a um Estado autoritário numa sociedade escravocrata, submete-se ao jugo como fatalidade determinada pela razão universal. As *Cartas Chilenas*, se consoantes com essa voz, protestam contra a desordem, o que ratifica a ordem.

DENÚNCIA

Como outros gêneros, a carta literária renasceu na pena de humanistas do porte de Caminha. Já desde o século XV, chefes de Estado selecionavam secretários dentre os homens cultos, confiando-lhes a tarefa de cuidar da correspondência e dos discursos solenes. Os epistológrafos se orientavam pelo modelo deixado por Cícero e Plínio. A natureza e os sentimentos despertam nas cartas antes de conquistarem outros territórios. Rumo ao indivíduo e à exploração da intimidade, a epistolografia setecentista vive dias de glória. Livre de compromissos oficiais, cultiva o protesto, a dúvida, inundando a ficção romanesca.

O romance epistolar ganha relevo numa época em que a cultura ocidental começa a ser questionada. Em lugar da visão única do autor onisciente, abre-se espaço a outras opiniões. Personagens expõem seus conflitos sem a ostensiva mediação do autor. Observações de viagens, colhidas na Ásia, na África e na América são confrontadas com instituições européias. Desafiado por divergências, o leitor esclarecido passa a julgar. Recordem-se romances como *Cartas Persas* do Baron de Montesquieu (1721), *Clarissa* de Samuel Richardson (1747-1748), *Werther* de Wofgang Goethe (1774) e *Ligações Perigosas* de Chordelos de Laclos (1782).

No romance de Montesquieu, Usbek, magnata persa, passa uma temporada em Paris, correspondendo-se com amigos, eunucos e mulheres de seu harém. Nessa correspondência, ampliada por outras cartas, opina-se sobre costumes, religião, economia, filosofia, política e literatura. Usbek, roído de ciúme, determina disciplina a seu harém. Sua demorada ausência provoca um gradativo colapso da ordem doméstica. As *Cartas Chilenas* aproximam-se das *Cartas Persas* na rebelião contra a tirania.

As *Cartas Chilenas* aludem às *Cartas Persas* já no título. A estrutura narrativa reforça a alusão: desordens causadas pela ausência de quem governa; nas *Cartas Chilenas*, o rei de Portugal. As *Cartas Chilenas* (circularam anonimamente em Vila Rica nos anos de 1787 e 1788), ao denunciarem os desmandos do governador Cunha Meneses, reduzem a distância entre o espaço ficcional e o espaço vivido. O Oriente lendário, fortalecido no imaginário europeu pela tradução de Antoine Galland em 1704 das *Mil e uma Noites*, cede lugar à dor provocada pela ganância nas regiões de extração aurífera da América. Tomás Antônio Gonzaga recorre ao anonimato, recurso ficcionalmente freqüente no romance do século XVIII, para satirizar o combalido império português, sedento de ouro para corrigir insanável rombo nas finanças. Menos variadas que as *Cartas Persas*, as *Cartas Chilenas* registram queixas contra uma administração viciosa. As epístolas de Horácio e de Ovídio sugeriram a Tomás Antônio Gonzaga o uso do verso num século em que a prosa ainda lutava por maior prestígio.

A metrificação não nos impede de considerar as *Cartas Chilenas* romance, romance em verso. No século XVIII, a forma romanesca ainda oscila entre prosa e verso. Herança antiga. Metrificados, a exemplo da epopéia, circulavam, em abundância, romances medievais. José de Alencar, já romântico, esboça *Iracema*, romance lapidar, em verso. A decisão de redigi-lo em prosa vem depois, sem apagar as marcas da poeticidade. Para ser romance, as *Cartas Chilenas* têm conflito, têm ambiente, têm personagens, têm enredo. A forma epistolar permite opor idéias. Desenvolve-se num período em que idéias privilegiadas cedem espaço à pluralidade dos costumes e das doutrinas. O monologismo, abalado desde Platão pelo diálogo, é alijado agora pela troca de cartas. O dialogismo das *Cartas Chilenas* encolhe-se. Os missivistas restringem-se a dois. Mas a discordância não se limita à indolência de um e à vigilância de outro, visto que amplo é o exame dos desatinos da tirania e contraditória a personalidade do missivista.

Silenciada a voz glorificadora da conquista, instala-se a paródia:

> Nasceu o sábio Homero entre os antigos,
> para o nome cantar do grego Aquiles;
> para cantar também ao pio Enéias,
> teve o povo romano o seu Virgílio:
> assim, para escrever os grandes feitos
> que o nosso Fanfarrão obrou em Chile,

entendo, Doroteu, que a Providência
lançou na culta Espanha o teu Critilo.

[9ª, 23-30]

O canto requer a livre expressão da comunidade. Como cantar num território silenciado pela opressão? Sufocada a liberdade de expressão, a revolta se asila na escrita clandestina. Não é que o amedrontado versejador de agora recuse os vates antigos. Venera-os. Mas não há como reproduzi-los numa região em que o deboche alijou a linguagem sagrada, em que a retórica da ostentação baniu o discurso persuasivo, em que a ordem cedeu ao desmando, em que as armas oprimem indefesos. Como reinventar a epopéia quando os líderes não se elevam à estatura de heróis? Numa época desamparada de mitos, a paródia desenha caricaturas da epopéia. Em lugar da voz sonora do cantor agraciado pelas musas insinuam-se versos de um autor a quem falta coragem para mostrar o rosto. Na carência de homens dignificados pelo sábio manejo das armas, crianças são convocadas para o trabalho das milícias. Da epopéia parodiada nasce o romance.

Acorda, Doroteu, acorda;
Critilo, o teu Critilo é quem te chama:
levanta o corpo das macias penas;
ouvirás, Doroteu, sucessos novos,
estranhos casos, que jamais pintaram
na idéia do doente, ou de quem dorme,
agudas febres, desvairados sonhos.

[1ª, 28-34]

Estes versos, de sonoridade épica, lembram o proêmio das epopéias, em que se resume a matéria a ser cantada. Não faltam lembranças de exaltação camoniana, em que a grandeza presente eclipsa a do passado. O canto, subordinado outrora ao dom das musas, fica circunscrito agora a causas inteiramente materiais. No fim da segunda carta está a observação de que não se pode escrever sem barriga farta. A palavra escrita toma o lugar da falada. Quando o discurso ataca o opressor, mais seguro é escrever do que falar. A fala, presa ao corpo, denuncia o emissor; a escrita, por se apoiar em si mesma, pode ocultá-lo. A escrita restringe, entretanto. Um movimento revolucionário baseado nela exclui a maioria analfabeta.

O sono, já combatido no "Sermão pelo Sucesso das Armas de Portugal", volta à cena. Lá se invectivou o sono de Deus, aqui, o de Doroteu (Dádiva-de-Deus). Como Chile é metáfora de Minas, missivista e destinatário vivem no mesmo espaço. O que vale para o Chile vale para Minas.

Clamores para acordar soavam há muito. Ouvimo-los no *Discurso do Método* em que Descartes avalia sua formação edificada sobre fundamentos falsos. No romance de Montesquieu, as cartas encenam a alvorada de observadores atilados. À classificação maometana de certos alimentos como impuros objeta Usbek que em sua opinião as coisas não são em si mesmas puras ou impuras. Montesquieu recorre a este mesmo olhar estrangeiro para questionar costumes franceses. Como entender que o rei da França enriqueça vendendo títulos nobiliárquicos? Não sendo de turista a visão de Tomás Antônio Gonzaga, manda abrir os olhos a atos de um governo letárgico que suga as energias de quem labuta.

É doce esse descanso, não to nego.
Também, prezado amigo, também gosto
de estar amadornado, mal ouvindo
das águas despenhadas brando estrondo,
e vendo, ao mesmo tempo, as vãs quimeras,
que então me pintam os ligeiros sonhos.

[1ª, 14-19]

O iluminismo setecentista ataca a equiparação de vida e sonho praticada por autores barrocos. Como o delírio é o sonho dos acordados, importa conquistá-los para a observação não sujeita a deformações delirantes. Redefine-se o papel da poesia. Cabe-lhe tarefa comparável ao da filosofia e da medicina. Critilo caricaturiza as "novelas" espalhadas por navegadores nada rigorosos, que, segundo ele, divulgam a existência de leões com pés de patos, tigres e camelos dotados de asas que geram homens. As *Cartas Chilenas* despertam os mineiros para a verdadeira fisionomia de sua terra contra deformações de exploradores mais propensos ao entusiasmo provocado pelo fantástico do que comprometidos com o registro de informações precisas. Numa época em que a metafísica convocava as mais elevadas energias, o visível assumia formas estranhas mesmo na visão de testemunhas oculares. O discurso se fragmenta. Aos textos que ocultam a América se opõem os que expõem assassinato, opressão e miséria. Metáforas recuam ante o avanço de sintagmas transparentes. No interesse da iluminação das mentes, a poesia despe-se de ornamentos. A doçura de paragens amenas oferecidas ao repouso de almas sonhadoras recua ante o imperativo de atenção às agruras cotidianas. Sonhadores, seduzidos por elaborações utópicas, quando abriam os olhos, caíam na melancolia. Esta não lhes permitia varrer da lembrança delícias sonhadas e distantes. A poesia já não tolera quimeras outrora por ela cultivadas. Obrigações urgentes protelam o prazer. Sonhos não têm o direito de abafar o tinir das cadeias que detentos arrastam na rua. O sonho exprime interesses pessoais, com o despertar ampliam-se os horizontes. A ordem de despertar vem de Critilo, um poeta. Banido da república já em Platão, a visão do poeta vem de fora da ordem estabelecida, visão estranha, de estrangeiro. A visão estranha, contudo, não é a de um europeu, é de um homem que padece as dores da terra. Essa voz estrangeira deve ser traduzida, e Doroteu a traduz.

> Vejo, ó Critilo, do chileno chefe
> tão bem pintada a história nos teus versos,
> que não sei decidir qual seja a cópia,
> qual seja o original.
>
> [Epístola a Critilo, 1-4]

A Teoria mimética aristotélico-horaciana foi elaborada com base nas artes plásticas: *ut pictura poesis*. Na arte verbal, que não lida com volumes e cores mas com sons, é mais difícil observar semelhanças entre representação e representado. A mimese, abalada pela fantasia barroca, recupera prestígio. O discurso vale, no Século das Luzes, como reprodução e não como elaboração textual. Não se apregoa, entretanto, fidelidade a um lugar concreto. A preocupação de captar o particular aparecerá mais tarde, nos programas realistas do século XIX. A arte neoclássica privilegia o universal. A Doroteu, ao responder a Critilo, preocupam os sofrimentos da "humanidade aflita". O universal, imutável e sem nuanças, permite o deslocamento do conflito brasileiro ao Chile, sem retoques. De quem está preocupado com a justiça universal não se espere ênfase no particular. Entenda-se a preferência pela pintura. É que, de acordo com a doutrina da época, penso em Lessing, a pintura não está sujeita ao tempo, domínio da música e da arte verbal. Quem almeja o intemporal quer a imobilidade da pintura quando escreve.

Apesar da ênfase universal, o peculiar já merece consideração no início de Setecentos. Montesquieu, atento a diferenças de clima e solo, entende que hábitos, sujeitos a peculiaridades ambientais, diferenciam-se à maneira das plantas. Povos medram no seu ambiente próprio, razão por que não devem ser transplantados. Por esses ou outros motivos, Tomás Antônio Gonzaga atribui os desmandos de Minésio a fatores geográficos e ambientais: distância do centro, acolhida de vícios da terra. A periferia caracteriza-se negativamente. O particular aparece julgado por lei universal.

Não se espere que Tomás Antônio Gonzaga, quando desce ao observável, queira imitar o belo. Onde procurá-lo num regime corruptor? Sendo reprovável o objeto da imitação, o produto é a sátira. Cabe ao poeta acentuar os traços da fealdade para acordar adormecidos. Pintar Minésio é um modo de dominá-lo, objetualizá-lo para libertar a natureza por ele dominada. Fulgura um lampejo de liberdade. O ato de escrever mina secretamente o pedestal do poder. Há rincões que Minésio não domina. Há riso que liberta. A escrita, ao provocar o riso, triunfa sobre a tirania.

> Dentro em minha alma
> que diversas paixões, que afectos vários
> a um tempo se suscitam! Gelo e tremo,

> umas vezes de horror, de mágoa e susto;
> outras vezes do riso apenas posso
> resistir aos impulsos. Igualmente
> me sinto vacilar entre os combates
> da raiva e do prazer. Mas ah! que disse!
> Eu retrato a expressão, nem me subscrevo
> ao sufrágio daquele que assim pensa,
> alheio da razão, que me surpreende.
> Trata-se aqui da humanidade aflita;
> exige a natureza os seus deveres.
> Nem da mofa ou do riso pode a idéia
> jamais nutrir-se, enquanto aos olhos nossos
> se propõe do teu chefe a infame história.
>
> [Epístola a Critilo, 4-14]

A teoria aristotélica da *catarse* já contemplava o efeito da obra artística sobre o receptor. Horácio a reelabora ao ensinar que compete à poesia ensinar (*docere*) e comover (*movere*) ou deleitar (*delectare*). É, entretanto, a partir do século XII que a subjetividade passa a florescer, alcançando em fins do século XVIII completo desenvolvimento. Gonzaga insiste nos afetos contraditórios: susto/riso, raiva/prazer. Estes são provocados pela "expressão", pela elaboração literária, *poesis*. Doroteu não compartilha a teoria dos que reduzem a obra à "expressão", desvinculada do referente. Mais do que a expressão importa-lhe o mundo das objetividades, e este é explorado pela razão, livre da instabilidade dos afetos. Em detrimento do comover e do deleitar, Doroteu sublinha na carta a tarefa de ensinar. O logocentrismo, triunfante no século XVIII, reprime os afetos, os mudos apelos do corpo. Por objetivo que Doroteu pretenda ser, percebe nas cartas do amigo uma "infame história". Com esse atributo, relato nenhum poderá requerer a categoria de retrato fiel dos fatos. A infidelidade decreta a distância, a autonomia, a poesia.

Critilo sabe que não se pode esperar instantânea a passagem da letargia à ação. As cartas cortam o relato a fim de não oferecer conteúdo maior do que o recomendado pela intenção de ensinar. O tempo, fazendo-se subjetivo, tem o poder de curar (3ª, 290-295).

> Este, ó Critilo, o precioso efeito
> dos teus versos será: como em espelho,
> que as cores toma e que reflete a imagem,
> ímpios chefes de uma igual conduta
> a ele se verão, sendo argüidos
> pela face brilhante da virtude,
> que, nos defeitos de um, castiga a tantos.
> Lições pudentes, de um discreto aviso,
> no mesmo horror do crime, que os infama,
> teus escritos lhes dêem. Sobrada usura
> é este o prêmio das fadigas tuas.
>
> Eles dirão, voltando-se a Critilo:
> Quanto devemos, ó censor fecundo,
> ao castigado metro, com que afeias
> nossos delitos, e buscar nos fazes
> na cândida virtude a sã doutrina.
>
> [Epístola a Critilo, 194-208]

O espelho de Gonzaga não é o de Vieira. O padre apresentou em "O Demônio Mudo" Deus como espelho, eterno padrão de beleza, norma de conduta para todos os fiéis. Doroteu propõe, em lugar de Deus, a "sã doutrina", elaborada desde a Renascença pela cultura clássica para concorrer com a norma divina registrada na Escritura. Os humanistas querem uma norma abrangente, sobreposta a todas as culturas, inclusive a cristã. Esse espelho, diminuída a autoridade da revelação, deverá ser fornecido pela razão. As alusões clássicas (Fábios, Cipiões, Emílios, Césares...) visam ao padrão intemporal, supracultural. A virtude universal é o objetivo do saber a que todos deverão elevar-se. Gonzaga é voz do racionalismo setecentista. As cartas de Critilo deverão estabelecer padrões de conduta que levarão a juízo Minésio e todos os chefes ímpios. Não se busque nesse espelho cor local. O desejo do particular virá com a singularização das nacionalidades. Nem se requeira beleza do poeta que estabeleceu a verdade e a virtude como meta. Lemos textos de um século austero, cujo fim são princípios convincentes para corrigir desmandos de governantes perversos. A exuberância recua contestada. O ensino não cede intervalos ao deleite.

Embora Doroteu enfatize propósitos de abjetividade, evidencia, nas cartas do correspondente, processos que deformam o observado. Quem é objetivo não afeia com metro castigado. A deformações recorre quem satiriza. A sátira se anuncia. Deformando, a sátira provoca o riso. Não teremos o riso pelo riso. Critilo deforma para instruir, para desvendar o mal encoberto por aparência pomposa.

O objetivo dos padres foi a conversão. A proclamação cristã age sobre a vontade, para produzir a fé. O objetivo é agora iluminar a razão para alcançar a ação justa.

Critilo, "censor fecundo", elegeu para censor de seus escritos, para leitor ideal, Doroteu, armado de reto juízo. Altere-se o leitor, altera-se o juízo. Quem se apóia em instância móvel como o leitor, sujeito ao movimento da história, perde a segurança do que sempre é.

Um chileno (Critilo) escreve cartas a um brasileiro (Doroteu), que as verte ao português. Na carta de Caminha, destinatário foi um português, o rei, e emissor, outro português, o cronista da esquadra de Cabral. Nóbrega é um português residente no Brasil que se dirige a portugueses. Nesses três momentos, as *Cartas Chilenas* representam a circulação epistolar no próprio Continente.

Os nomes dos correspondentes simbolizam atitudes em vez de indigitar pessoas reais. Critilo, nome derivado de *krisis*, define posição crítica. Critilo julga, avalia, condena. Filho de uma idade científica, o século XVIII, requer, mesmo para a ficção, rigores da observação contra o que informam velhos alfarrábios. Num cenário de letargia generalizada, quem desencadeia a ação é ele. Doroteu é um homem abençoado. Sem preocupações econômicas, prolonga as horas de sono dia adentro aconchegado em fronha engomada e penas macias (I, 1-30). Outra é a situação de Critilo, o crítico, o poeta. Dorme em cama tosca e dura, suja é a cozinha sem fogo por vários dias. Critilo e Doroteu representam duas situações e duas atitudes no mesmo espaço. As cartas objetivam acionar o movimento da letargia à ação (II, 11-26). O que impede vermos em Critilo e Doroteu desdobramento de tendências opostas da mesma personalidade, dividida em rebelião e acomodamento, reflexo das contradições de Tomás Antônio Gonzaga e de outros intelectuais mineiros?

O governador, o representante local da dominação, foi rebaixado à categoria de terceira pessoa, um a respeito de quem se fala. Entre homens identificados com a sorte do Continente e o dominador já não se concebe situação dialogal. Solidariedade ante a opressão exclui comunicação. O diálogo foi cortado no princípio do século XVIII (1720). Nas *Cartas Chilenas* não se pede socorro, reflete-se sobre a opressão.

O poeta, a quem foi recusado o direito de falar, escondido no anonimato, vinga-se reduzindo o governador a um ele. Visto que o governador objetualiza os governados, reduzindo-os a fonte de riqueza, inconcebível se faz relação interpessoal com ele. Por objetualizar, ele é objetualizado.

O lugar em que nos encontramos com os demais, espaço das transições e dos verbos transitivos, do trabalho e do lazer, é indispensável à existência. Questionam-se as negações impostas ao trabalho, ao lazer, à circulação de corpos e de idéias. Como respirar se escassa se faz a atmosfera no quinhão que nos foi destinado? Como tratar humanamente quem desumaniza? A opressão deprime, deforma. No corpo deformado dos profetas de Aleijadinho lê-se a letra da opressão. A opressão fomenta a solidariedade dos oprimidos. Os profetas de Congonhas e o povo de Minas se congregam na carência, no perscrutar de outros horizontes.

À deformação o poeta responde deformando. O Fanfarrão se assemelha a D. Quixote no aspecto grotesco, nas atitudes desastradas, nos muitos equívocos. Afasta-se dele, porém, nos objetivos. Enquanto Quixote atravessa o aparente para atingir as essências, o Fanfarrão se perde na aparência. Como Dom Quixote, Minésio é louco. Se no século anterior, a loucura ainda era tida como revelação de saber, o Século das Luzes segrega-a da sociedade. Já que o século XVIII não dispõe de critérios precisos para determinar alienados, recolhe-se a instituições especializadas toda sorte de indesejáveis. Visto que o tirano cabe no indefinido grupo dos loucos, Critilo denuncia Minésio como tal. O louco não poderia ocupar posição de mando num século de governantes esclarecidos. Revoltante é ver o louco, que encarcerado não causaria estranheza, exercendo funções de carcereiro. Se na loucura se desvenda a verdade elementar do homem, esta tanto pode ser a verdade poética de afirmação da liberdade e da vida como a sanguinária, dirigida apocalipticamente contra o homem e a vida. A loucura de Minésio é criminosa. Em rebeldia contra a razão, regala-se com lágrimas e gritos de dor. Minésio aparece no século em que Sade traçou o perfil da crueldade. O carrasco não argumenta, oprime silenciosamente. Os sofrimentos da vítima aumentam o prazer do opressor. Hostil a contratos e preceitos de justiça, o mandante louco escuda-se em instituições para oprimir.

O retrato físico segue moldes quixotescos: semblante pesado, cor baça, corpo esbelto, feições compridas, olhadura feia, grossas sobrancelhas, testa curta, nariz direito e grande, pouca e rouca fala, meia idade, calvo, montado num "rocinante" (I, 74-92). O retrato físico é completado pela fisionomia moral: Minésio protege os "maus gigantes", os desonestamente ricos; em vez de persegui-los, nega auxílio aos desprotegidos, liberta os malfeitores. Os atos do governador o caracterizam como "louco chefe". Loucura e sonho, acolhidos pelo maneirismo por desvendarem o mistério, são repelidos. O iluminismo quer lucidez, justiça.

Nas regiões periféricas, "o moderno chefe" não reproduz os governantes das monarquias esclarecidas, reitera "notícias velhas". Como o poeta tem Espanha (Portugal) por nação moderna, o chefe da região periférica não corresponde aos padrões da modernidade. Há correspondência entre modernidade/obscurantismo e centro/periferia. D. Quixote e Sancho

Pança, que vagariam fora de época no centro esclarecido, levantam-se como figuras reais na periferia. O sonho, ao se fazer realidade, ameaça como pesadelo os que despertaram. A desproporção que observaremos entre a cadeia e as outras construções vigora também entre governador e governados. Em ambiente cotidiano, numa tarde chuvosa e triste aparecem o velho Alcimedonte, o terno Florindo, o gordo Josefino, o Damião sábio, Dirceu, o leitor. O velho estuda processos, o terno diverte-se com a família, o gordo está deitado, o sábio investiga, o leitor delicia-se com os clássicos: Virgílio, Camões, Tasso. Mesmo o que estuda leis e o que lê vivem adormecidos. Fechados os olhos para os desmandos, vivem pacatamente numa praça de guerra. Arrastam-se pela vida como vítimas que não protestam.

> Desenha o nosso chefe, sobre a banca,
> desta forte cadeia o grande risco,
> à proporção do gênio e não das forças
> da terra decadente, aonde habita.
> Ora, pois doce amigo, vou pintar-te
> ao menos o formoso frontispício.
> Verás se pede máquina tamanha
> humilde povoado, aonde os grandes
> moram em casas de madeira a pique.
>
> [Carta 3ª, 82-90]

As *Cartas Chilenas* não comentam os planaltos imensos nem os elevados montes. A paisagem é esmagada por uma obra arquitetônica, a cadeia, maior que a torre de Babel, maior que as pirâmides do Egito, monumentos erguidos pelo braço escravo à vaidade de tiranos. Até as moradias dos grandes senhores, comparadas à cadeia, ficam reduzidas a modestas casas de "madeira a pique".

A arquitetura do conquistador não se orientou pelo equilíbrio. Nada se comparava na Colônia ao fausto das igrejas. Essas, entretanto, davam sentido ao conjunto, apontando para um futuro sem opressão. A cadeia, com fachada exuberante, escadaria e balaústres, levanta-se como paródia da arquitetura eclesiástica. Critilo não menciona palácio faustoso. A cadeia aniquila até a eminência de prédios administrativos. Que esperança pode animar uma comunidade centrada numa cadeia? O tamanho da cadeia proclama a exasperação do poder. Por maior que seja o número dos detentos, mecanismo repressor algum poderá extirpar a rebeldia. Sempre restarão vozes que alertem e adormecidos que despertam.

Tomás Antônio Gonzaga concebeu a cadeia como centro da administração portuguesa numa época em que as minas de ouro mostravam preocupantes sinais de esgotamento. A ganância do conquistador conseguira reduzir à miséria uma das mais ricas regiões do Globo. Como executar os ideais de equilíbrio e de racionalidade árcades num ambiente abalado pela conquista?

A imponência da cadeia lembra o Panóptico, ideado por Bentham, presídio que dispunha de uma torre central donde se poderiam observar os detentos, isolados em selas, sem que os vigias pudessem ser vistos. Como não era possível averiguar a presença de vigias, a torre representava constante ameaça. Tomás Antônio Gonzaga faz da administração portuguesa em Minas um panóptico que de ocultos postos de observação vigia a população oprimida. A voz do poeta denuncia a crueldade da máquina de controle. Vigias corruptos como Minésio comprovam a deficiência do sistema.

O espaço está em conflito com o império. A periferia escapa à vigilância do centro. Vigem poderes conflitantes, autodestrutivos. Os protestos que na periferia soam contra o centro ameaçam romper a unidade. Por princípios acreditados em Setecentos, quando o governante oprime os súditos deixa de haver base para a obediência. A liberdade natural vale mais que a submissão. Conhecidas eram as posições favoráveis a uma monarquia equilibrada, firmada contra excessos do despotismo e de paixões populares. Já não se requeria apelo ao tribunal divino. Para as exigências da justiça era bastante o direito natural.

Correspondência entre signo e referente não há. A retórica da conquista exprime-se em signos de pedra, advertência imponente a populações iletradas da severidade do poder arbitrariamente imposto.

Ao olhar panóptico da prisão opõe-se outro olhar, o do "censor", munido de critérios universais, que surpreende e incrimina não só injustiças públicas como também os movimentos noturnos do palácio.

> Na sábia proporção é que consiste
> a boa perfeição das nossas obras
> Não pede, Doroteu, a pobre aldeia
> os soberbos palácios, nem a corte
> pode também sofrer as toscas choças.
>
> [Carta 3ª, 121-125]

Não é nas *Cartas Chilenas* que se há de encontrar a idéia de uma racional distribuição das riquezas. A preocupação de Critilo pende mais para a estética do que para a justiça social. O esplendor das cortes européias não recebe reparo. A atenção volta-se para as circunstâncias imediatas em que a desproporção entre o fausto e a pobreza fere o bom gosto.

A coroa instituiu a festa oficial durante o mandato do primeiro governador-geral, Tomé de Sousa, para compensar com folguedos súditos castigados pela dureza do trabalho. Casamentos, nascimentos e mortes ilustres serviam de ensejo para doar dias de alegria e de esplendor. A Liberalidade não era desprezível. Festejos consumiam mais de uma centena de dias ao ano. Aparentando simpatia recíproca, populações agradecidas respondiam com homenagens ao doador. A cruz, reconhecendo a colaboração da festa nos trabalhos de catequese, desenvolveu solenidades para avivar sentimentos religiosos. Convergência de propósitos misturou atos políticos e religiosos. A participação em festas atreladas ao calendário estatal e eclesial reafirmava a fidelidade jurada. Os que detinham o poder estenderam assim o controle das horas de lazer.

O fausto que singularizava a arquitetura das igrejas distinguia as festas. Vestes luxuosas, canto coral, máscaras, espetáculos cênicos, dança, torneios, fogos de artifício, carros alegóricos sublinhavam juntos o esplendor. Tochas quebram o império da noite. Fantasias de dragões proclamam a vitória sobre as forças do mal. O engenho humano afrontava vitorioso imposições da natureza. Nas artes imperava a hipérbole.

Executados na Colônia, modelos trazidos da Europa mostram-se permeáveis a entretenimentos desenvolvidos na Colônia. Viam-se cocos, congos e lundus. No coco, dançarinos cercavam um solista que dava umbigadas num parceiro eleito. Os congos celebravam a coroação do rei Congo com lutas entre mouros e cristãos. Os lundus, dançados em festas da colheita, se desenvolviam com meneios de quadris, umbigadas e sapateados.

As celebrações decretadas por Minésio por ocasião do casamento do príncipe herdeiro ostentam as características das festas que se desenvolveram por dois séculos no Brasil: missa, procissão, teatro, dança, cavalhada, tourada, foguetes, iluminação, orgia. Duas cartas dedicadas ao evento mostram a relevância do espetáculo. A descrição da festa, confiada a Critilo, desenvolve-se afetada pela subjetividade do narrador. Personagem complexa, misturam-se em Critilo racionalidade iluminista, estética árcade, revolta e moralismo tridentino. Tomás Antônio Gonzaga é suficientemente poeta para assegurar autonomia à personagem. Festas que abrilhantaram dias e noites da sociedade barroca, afeita a tudo o que deleita os olhos, já não entusiasmam Critilo. Minésio, ao contrário, filho de outra época, promove espetáculos faustosos ao menor ensejo. Na tradição dos governadores da Colônia, o casamento do filho do rei é motivo indiscutível para incentivar a alegria geral. Como já não há magnatas generosos dispostos a custear sozinhos as despesas, Minésio recorre ao erário público. Identificado com os interesses dos mineradores, exaustos de tributos extorsivos, Critilo grita contra o desperdício. O esplendor já não comove seu gosto adaptado à austeridade neoclássica. Nem seria oportuno destinar os recursos ao combate da miséria. Esta preocupação é nova. Em meio à procissão, Critilo vê, como num sonho, o retrato de sua bem-amada:

> No meio de um palanque então descubro
> a minha Nise: está vestida

da cor mimosa com que o céu se veste.
Oh! quanto, oh! quanto é bela a verde olaia,
quanto se cobre de cheirosas flores!
A filha de Taumante, quando arqueia,
no meio da tormenta, o lindo corpo;
a mesma Vênus, quando toma e embraça
o grosso escudo e lança, por que vença
a paixão do deus Marte com mais força,
ou quando, lacrimosa, se apresenta
na sala de seu pai, para que salve
aos seus troianos das soberbas ondas,
não é, não é como ela formosa!

[Carta 6ª, 69-82]

Affonso Ávila, no seu bem executado livro *O Lúdico e as Projeções do Mundo Barroco*, aponta esta passagem para denunciar a dívida de Tomás Antônio Gonzaga ao culteranismo. Se outros lugares atestam contaminação barroca, não estamos persuadido de que devemos apontá-la aqui. Critilo ironiza Minésio e parodia a pompa. A festa em que brilha Minésio é tão fantástica que desperta visões. Até Critilo, resistente a fantasmagorias, crê vislumbrar na comitiva do governador uma deusa saída dos sonetos de Góngora, Quevedo ou Matos, mulher cujos encantos o arrebatam. Descreve convincentemente a visão no estilo dos poetas parodiados. O arrebatamento dura pouco. Mais alguns versos e a visão sonhada se desfaz.

Os preceitos estéticos do século XVIII, que contemplam os estilos alto, médio e baixo, excluem a arte popular. A "oculta musa", sensível ao popular, acolhe o mexerico (Carta 11ª, 280). Enquanto a epopéia lustra o nome dos heróis, o mexerico o denigre. O mexerico seleciona os participantes, burla a vigilância, propaga-se por caminhos escusos, fere sem expor-se ao perigo, cultiva a malícia. Narrativas concatenam-se ao sabor da conversa. Uma provoca outras. O clima de concurso, estabelecido pelo mexerico, estimula a imaginação. A arte de seduzir com insinuações, com fatos que não requerem testemunha, prestigia o mexeriqueiro. Aventuras amorosas, ciumeiras, fraudes são a substância do mexerico. Estimulado pela infração à vigilância, o mexerico persegue fatos que fogem às luzes da publicidade. No Chile de Critilo, os mexeriqueiros buscam canais que levem ao palácio do governo denúncias contra desafetos.

Critilo, usando as armas deles, retira-se ao silêncio doméstico para atacar governo e governador. Tomás Antônio Gonzaga, elevando o mexerico à dignidade da página escrita, narra episódios que deseja lembrados mesmo depois de cem anos. Na pena do poeta um gênero oral migra para a página escrita sem perder o sabor da oralidade.

Critilo introduz os desatinos do governador com um episódio mítico. Júpiter teria fabricado algumas almas de matéria pura, outras, de matéria grosseira. As almas teriam sido distribuídas aleatoriamente, razão por que famílias nobres geram espécimes vis, haja vista Minésio. Preocupado em esmiuçar o cenário corrupto do palácio, o narrador dramatiza movimentos suspeitos nos corredores em horas mortas. Ao mencionar festas orgiásticas que terminam em testes de virilidade, descreve detalhadamente um batuque (Carta 11ª, 101-110). A lascívia conta com o beneplácito do governador. Seguem-se as artimanhas de Minésio para abrir as portas da sociedade a uma amante sua, oferecendo-a em casamento a um cabo de sua guarda. O narrador descreve ironicamente a noiva com recursos estilísticos barrocos (Carta 11ª, 319-335). O modesto soldado fica radiante com as perspectivas de um casamento ilustre. O deboche de Minésio vai ao ponto de honrá-lo com títulos devidos a militares de largos serviços prestados à coroa. Como se vê, os mexericos se encadeiam. Ares de mexerico assume tudo o que Critilo conta de Minésio. A contínua moralização não destoa das peculiaridades do gênero.

O epistológrafo condena a arte popular e a prestigia. Vilipendia o batuque e mostra conhecimento completo da dança negra, foge de mexericos e mexerica. Burlando a vigilância, a arte popular invade os redutos da arte escrita. Critilo expõe tendências negadas. Onde estará o verdadeiro Critilo no que diz ou no que faz? Num regime hipócrita, o reprimido vale-se da hipocrisia para respirar. A estética árcade não é suficientemente forte para impor-se incontaminada. Os cochichos da musa oculta perturbam o concerto das musas clássicas. Nas incoerências de Critilo fala a periferia.

BIBLIOGRAFIA

ALONSO, Dámaso. *Poesia Espanhola*. Trad. Darcy Damasceno. Rio de Janeiro, INL, 1960.
AMORA, Antônio Soares. *História da Literatura Brasileira*. São Paulo, Saraiva, 1955.
ANTELO, Raúl. *Algaravia – Discursos de Nação*. Tese de titularidade apresentada à Universidade Federal de Santa Catarina, 1992.
ANTONIL, André João. *Cultura e Opulência do Brasil*. São Paulo, Edusp/Itatiaia, 1982 [1711].
ARENS, W. *El Mito del Canibalismo*. Trad. ao espanhol de Stella Mastrangelo. México, Siglo Veintiuno, 1981 [1979].
ÁVILA, Affonso. *O Lúdico e as Projeções do Mundo Barroco*. São Paulo, Perspectiva, 1971.
BACON, Francis. *Novum Organum*. Trad. de José A. Reis de Andrade. São Paulo, Abril Cultural, 1974.
BALANDIER, Georges. "Contribuition à une sociologie de la dépendence". In: GURVITCH, Georges (diretor). *Cahiers Internationaux de Sociologie*. Paris, Seuil, 1952.

BEKKER, Immanuel. *Aristotelis Opera*. Darmstadt, Wissenschaftliche Buchgesellschaft, 1960.

BENJAMIN, Walter. *Gesammelte Schriften*. Frankfurt am Main, Suhrkamp, 1977.

_____. *Origem do Drama Barroco Alemão*. Trad. Sergio Paulo Rouanet. São Paulo, Brasiliense, 1984 [1925].

BERLIN, Isaiah. *Limites da Utopia*. São Paulo, Schwarcz, 1991.

BOSI, Alfredo. *História Concisa da Literatura Brasileira*. São Paulo, Cultrix, 1978.

_____. *Dialética da Colonização*. São Paulo, Companhia das Letras, 1992.

BOURRICAUD, François. "Quelques Remarques sur le Concept de 'Caractère National'". In: GURVITCH, Georges (diretor). *Cahiers Internationaux de Sociologie*. Paris, Seuil, 1952, vol. XII.

CAMPOS, Augusto de. *Poesia, Antipoesia, Antropofagia*. São Paulo, Cortez e Moraes, 1978, p. 97.

CANDIDO, Antonio. *Formação da Literatura Brasileira*. São Paulo, Martins, 1957.

_____. *O Método Crítico de Sílvio Romero*. São Paulo, Edusp, 1988.

CASCUDO, Luís da Câmara. *Dicionário do Folclore Brasileiro*. Rio de Janeiro, Tecnoprint, s/d [1954].

CASSIRER, Ernst. *O Mito do Estado*. Rio de Janeiro, Zahar, 1976. [1973].

CASTORIADIS, Cornelius. *A Instituição Imaginária da Sociedade*. Trad. Guy Reynaud. Rio de Janeiro, Paz e Terra, 1982.

COUTINHO, Afrânio. *Do Barroco ao Rococó*. Rio de Janeiro, Sul-Americana, 1955.

DACANAL, José Hildebrando. *Nova Narrativa Épica no Brasil*. Porto Alegre, Sulina/IEL, 1973.

DAVIS, Horace B. *Uma Teoria Marxista do Nacionalismo*. Trad. Waltensir Dutra. Rio de Janeiro, Zahar, 1979 [1978].

DELEUZE, Gilles. *Sade/Masoch*. Trad. José Martins Garcia. Lisboa, Assírio & Alvim, 1973.

FAORO, Raymundo. *Os Donos do Poder*. Porto Alegre, Globo, 1958.

FREIRE, Gilberto. *Casa Grande e Senzala*. Rio de Janeiro, José Olympio, 1946 [1933].

FREITAS, Décio. *O Escravismo Brasileiro*. 2. ed. Porto Alegre, Mercado Aberto, 1982.

FOUCAULT, Michel. *Histoire de la folie à l'âge classique*. Paris, Gallimard, 1972.

_____. *Surveiller et punir*. Paris, Gallimard, 1975.

FURTADO, Celso. *Formação Econômica do Brasil*. Rio de Janeiro, Fundo de Cultura, 1959.

GOETHE, Wolfgang. *Werther*. Trad. Elias Davidovich. Rio de Janeiro, Guanabara, 1932 [1774].

GOMES, Aída de Oliveira. *Poesia Metafísica*. São Paulo, Schwarcz, 1991.

GOMES, João Carlos Teixeira. *Gregório de Matos, o Boca de Brasa*. Petrópolis, Vozes, 1985.

GOMES, Roberto. *Crítica da Razão Tupiniquim*. Porto Alegre, Movimento, 1977.

GONZAGA, Tomás Antônio. *Poesias, Cartas Chilenas*. Rio de Janeiro, Instituto Nacional do Livro, 1957.

HABERMAS, Juergen. *Para a Reconstrução do Materialismo Histórico*. Trad. de Carlos Nelson Coutinho. São Paulo, Brasiliense, 1983.

HANSEN, João Adolfo. *A Sátira e o Engenho – Gregório de Matos e a Bahia do Século XVII*. São Paulo, Companhia das Letras, 1989.

HAUSER, Arnold. *Maneirismo*. Trad. Magda França, 1976 [1965]; Clemente Raphael Mahl, 1974 [1957].

HAZARD, Paul. *La crise de la conscience européenne*. Paris, Fayard, 1961.

_____. *La pensée européenne au XVIIIe siècle*. Paris, Fayard, 1963.

HOBSBAWM, Eric J. *Nações e Nacionalismo desde 1780*. Trad. Maria Celia Paoli e Anna Maria Quirino. Rio de Janeiro, Paz e Terra, 1991 [1990].

HOCKE, Gustav R. *Maneirismo: O Mundo como Labirinto*. Trad. Sérgio Buarque de Holanda (dir.). *História Geral da Civilização Brasileira – I. A Época Colonial*. São Paulo, Difel, 1985.

LEITE, Dante Moreira. *O Caráter Nacional Brasileiro*. 3. ed. São Paulo, Pioneira, 1976.

LÉVI-STRAUSS, Claude. *Las Estructuras Elementales del Parentesco*. Trad. esp. Marie Therèse Cevasco. Buenos Aires, Paidós, 1969.

LOTMAN, I. M. "Sobre o Problema da Tipologia da Cultura". In: SCHNAIDERMAN, Bóris. *Semiótica Russa*. São Paulo, Perspectiva, 1979, p. 36.

MATOS, Gregório de [1633?-1669?]. *Obra Poética*. James Amado (ed.). Rio de Janeiro, Record, 1990.

MELO NETO, João Cabral de. *Poesias Completas (1940-1965)*. Rio de Janeiro, Sabiá, 1968.

MÉTRAUX, Alfred. *A Religião dos Tupinambás*. 2. ed. São Paulo, Companhia Editora Nacional, 1979.

MONTESQUIEU, Baron de. *Cartas Persas*. Trad. Renato Janine Ribeiro. São Paulo, Paulicéia, 1991 [1721].

MORUS, Thomas. *A Utopia*. Trad. Luís de Andrade. Rio de Janeiro, Tecnoprint, s/d [1915].

MOURALIS, Bernard. *As Contraculturas*. Trad. Antônio Filipe Rodrigues Marques e João David Pinto Correia. Coimbra, Almeida, 1982.

NÓBREGA, Manuel da. *Cartas Jesuíticas I – Cartas do Brasil*. São Paulo, Edusp, 1931 [1549-1560].

NOVAIS, Fernando. *Portugal e Brasil na Crise do Antigo Sistema Colonial*. São Paulo, Hucitec, 1979.

OLIVEN, Ruben George. *A Parte e o Todo*. Petrópolis, Vozes, 1992.

PAZ, Octavio. *El Laberinto de la Soledad*. México, F.C.E., 1959.

PRADO Jr., Caio. *Formação do Brasil Contemporâneo – Colônia*. São Paulo, Brasiliense, 1953.

PAIVA, José Maria de. *Colonização e Catequese (1549-1600)*. São Paulo, Autores Associados, Cortez, 1982.

PRIORE, Mary Del. *Festas e Utopias no Brasil Colonial*. São Paulo, Brasiliense, 1994.

RATSCHOW, Carl Heinz. *Magie und Religion*. Guetersloh, Bertelsmann, 1955.

REICHELT, Helmut *et alii*. *A Teoria do Estado*. Trad. Flávio B. Siebeneichler. Rio de Janeiro, Tempo Brasileiro, 1990 [1974].

RICHARDSON, Samuel. *Clarissa*. London, Dent & Sons, 1951 [1947-1948].

ROUANET, Sérgio Paulo. *Édipo e o Anjo – Itinerários Freudianos em Walter Benjamin*. Rio de Janeiro, Tempo Brasileiro, 1981.

SAMUEL, Raphael (ed.). *Patriotism – The Making and Unmaking of British National Identity*. London and New York, Routledge, 1989.

SARAIVA, Antônio José & LOPES, Oscar. *História da Literatura Portuguesa*. Porto, Porto Editora, s/d.

SHEARMAN, John. *O Maneirismo*. Trad. Octavio Mendes Cajado. São Paulo, Cultrix/Edusp, 1978.

SILVA NETO, Serafim da. *Introdução ao Estudo da Língua Portuguesa no Brasil*. Rio de Janeiro, INL, 1951.

SIMONSEN, Roberto. *História Econômica do Brasil (1500-1820)*. São Paulo, Nacional, 1957.

SODRÉ, Nelson Werneck. *Formação da Sociedade Brasileira*. Rio de Janeiro, José Olympio, 1944.

_____. *História da Literatura Brasileira*. 4. ed. Rio de Janeiro, Civilização Brasileira, 1964.

TODOROV, Tzetan. *Nous et les autres*. Paris, Seuil, 1989.

VERÍSSIMO, José. *História da Literatura Brasileira*. Rio de Janeiro, 1954 [1916].

VAINFAS, Ronaldo. *Ideologia Escravidão – Os Letrados e a Sociedade Escravista no Brasil Colonial*. Petrópolis, Vozes, 1986.

VIEIRA, Antônio. *Obras Escolhidas*. Prefácio e notas de Antonio Sérgio e Hernâni Cidade. Lisboa, Sá da Costa, 1951.

Título	Na Conquista do Brasil
Autor	Donaldo Schüler
Projeto Gráfico e Capa	Ricardo Assis
Revisão de Provas	Ateliê Editorial
Editoração Eletrônica	Aline E. Sato
	Amanda E. da Almeida
Divulgação	Paul González
Formato	14 x 21 cm
Tipologia	Sabon
Papel	Pólen Rustic Areia 85 g/m² (miolo)
	Cartão Supremo 250 g/m² (capa)
Fotolito	MacinColor
Impressão e Acabamento	Lis Gráfica
Número de Páginas	256